FULL LIFE

フルライフ

今日の仕事と10年先の目標と100年の人生をつなぐ時間戦略

予防医学研究者
石川善樹
YOSHIKI ISHIKAWA

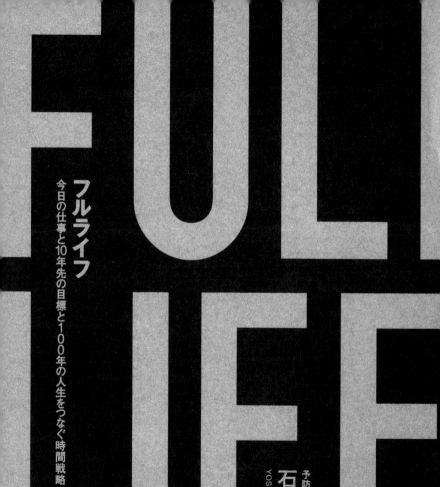

フルライフ

今日の仕事と10年先の目標と
100年の人生をつなぐ時間戦略

FULL LIFE

はじめに

どうしたら一度きりの人生がフルになるのか

みなさん、こんにちは。石川善樹と申します。この本のコンセプトは、**「時間の使い方に戦略を持つことで、フルライフ（充実した人生）を実現する」**というものです。

とはいえ、いきなりそんなことを言われても、困りますよね。おそらくまず疑問に思うのは、次の2点ではないでしょうか。

Q 戦略的な時間の使い方とはどういうことか？

Q そもそも、「フルライフ」とは何か？

まず時間の使い方ですが、本書ではさまざまなスケールの時間を扱います。それこそ、1日や1週間の過ごし方から、長くは100年先の人生までどのような時間戦略を持てばいいのか、私なりの考えを述べていきます。
くわしい話はこれから述べていきますが、あらかじめお伝えしておくと、私が考える時間戦略の背景には、次のような信念があります。

Q 時間戦略の背景となる信念は何か？

A 1日あれば、視点が変わる

A 1週間あれば、人生が変わる

A 1年あれば、事業が変わる

A 3年あれば、企業が変わる

A 10年あれば、産業が変わる

A 30年あれば、時代が変わる

A 100年あれば、文明が変わる

と言われても、「なんだか話がでかすぎやしないか？」といぶかしがる方もいるかもしれません。「もっと気楽な話をしてほしい」という方もいるでしょう。大変申し訳ないですが、そういう方は本書の対象ではありません。


「仕事で結果を残したい」

「何者かになりたい」

「何か大きなことがしたい！」


そう考えている方が本書の想定読者になります。というのも、まさに私自身がそういう人であり、それゆえにとても悩んだというか、今も悩んでいるからです。

なぜ悩むかというと、2つ理由があります。まず、その「何か大きなこと」というのがなんなのかよくわからない。

次に、その「何か大きなこと」がわかった気になっても、大き過ぎるために、今現在へと逆算することが難しい。それ故、「自分の人生が充実している（フルライフ）」とは言い難い、きわめて残念な事態に陥っていました。

「どうせわからないなら、興味があることを、精一杯やってみよう」

そう決意した私は、28歳で社会人になってからこの10年余り、予防医学に始まり、行動科学、計算創造学からビジネスにおける事業開発まで、さまざまな分野に挑戦しながら試行錯誤してきました。

しかし。

仕事だけを見ると確実に「深まり・広がっている」ような気がするものの、どうしても「フルライフ」に向かって人生が前進している手ごたえを持てませんでした。

そこで一念発起して、「時間の使い方に戦略を持つことで、フルライフ（充実した人生）を実現する」というコンセプトについて、真剣に向き合うことにしたのです。

本書は、医学論文などの科学の発見と、凄い先人たちの知恵を借りまくりながら、自分自身でも調査し、実践して確かめてきた「戦略」を統合したものであり、私自身の短い人生の集大成と言えるものです。

フルライフの反対は空っぽな人生

さて、前に進むには、まず次の問いに向き合う必要があります。

Q フルライフ（充実した人生）とは何か？

もちろん、フルライフという言葉は本書が提案するコンセプトですので、「そんなこと考えたこともない」と感じるのは当たり前です。しかし、「充実した人生とは何か？」と問われたところで、戸惑いはあまり変わらないと思います。

そもそも、「私にとって充実した人生とは◯◯である」と明確に言語化できる方は、本書を手に取る暇はないはずです。自分が腹の底から納得できる人生に向けて、充実した日々を過ごされていることでしょう。

しかし。

自分にとって充実した人生が何であるか、確信などできるのでしょうか？　少なくとも今の私にはできません。くわしくは後に述べますが、おそらく早い人でも50歳くらいにならないと、自分の人生とはいったいどんなものであり、一度限りのこの生を何のために使うべきか、覚悟を持ちにくいのではないかと考えています。

どんなテーマであれ、問いを立てたのに考えが進まないのであれば、それは思考力の問題でなく、**「問いが適切でない」**ということにつきます。

では、問いを反転してみましょう。

Q フル（充実）の真逆にある、エンプティ（空っぽ）な人生とは何か？

するとすぐに、次のような考えが私の頭に浮かんできました。

A 空っぽな人生 ≒ 何も誇ることがない、後悔だらけの人生

だとすれば、「誇り」を得る方法を一方的にお伝えするのは難しくても、まずはできる限り「後悔」をなくす。そうすることで少しはフルライフ（充実した人生）に近づけるのではないか。私はそのように考えました。

Q では後悔とは一体なんだろうか？

改めて、よくよく内省してみた結果、どうも後悔には次の2種類があると気がつきました。

A やってしまった後悔／やらなかった後悔

この両者を比較したとき、のちのちの人生まで大きく影を投げかけるのは、おそらく**「やらなかった後悔」**ではないか。もちろん、「あの時あれをしなければよかった」という感覚に引っ張られることもありますが、私自身は「やった後悔よりも、やらなかった後悔」に後ろ髪を引かれ続けています。

例えば、どうしてあの時に勇気を出して好きな人に告白しなかったのか。どうしてあの時、「やりたいこと」よりも「やるべきこと」を優先してしまったのか……。おそらく「やらなかったこと」はやったらどうだったか確かめようがないので、一度その後悔にとらわれてしまうと、キリがないんだと思います。

人生を悩ませる2つのジレンマ

こういったことをツラツラと考えていった結果、さらなる気づきに至りました。それは後悔が生まれる構造には、次の2種類があるということです。

Q 後悔が生まれる構造とは？

A ≫ A or Bで発生する「選択のジレンマ」
A and Bで発生する「総取りのジレンマ」

「A or B（選択のジレンマ）」はAかBかどちらか一方を選んだら、もう片方を捨てることになるという後悔です。そのジレンマを乗り越えるには、「A and B」しかありません。

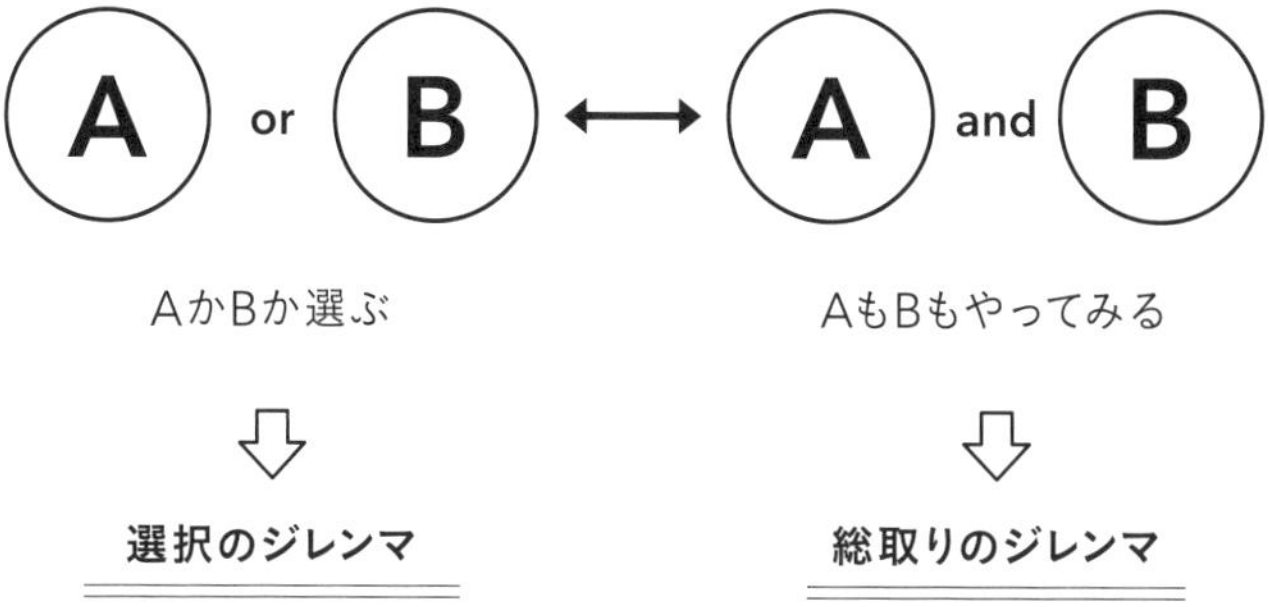

ところが、AもBもCも、あれもこれもと心のままにやりたいことを全部やっていくと、キリがないんです。結局一つひとつをやりきれず、「中途半端だったな」という後悔が発生する。これが「A and B（総取りのジレンマ）」です。

ここまで考えて私は完全に困ってしまいました。というのも、人生にAとBという選択肢があるとして、「A or B」でも「A and B」でも後悔が生まれるのだとすると、どうやら人生は「絶対に後悔が生まれる」構造になっているようです。つまり「後悔のないフルライフ」なんてないと。

だとするとせいぜい私たちにできることは、どちらの後悔を選ぶかだけです。ではどうやって選べばいいのでしょうか？

私自身は、「A or B」が選べなかった人間です。AかBのどちらかに決めたら、真摯にブレずにやり抜く人生。憧れます。しかし、そのスタイルを選ぶには、実際のところ相当な勇気がいりますよね。

私には勇気がないし、深掘りすることより広げることへの好奇心が強い人間なので、「A and B」でいくしかない。それはつまり、「総取りのジレンマ」を抱えながら生きていくしかないんだと、ある時点で腹を決めました。

「後悔のないフルライフ（充実した人生）」を目指して、A or Bでいくのか、A and Bでいくのか。どっちを選んでも結局「後悔」は生まれる。その原因は次のように集約されます。

Q 後悔が生まれる原因は？
A 時間には、限りがあること

A and BばかりかCもDも……とやりたいことが増えていくと、各項目に割ける時間が手薄になってしまい、いい結果が出しにくくなるんですよね。もちろん、他業種から受ける刺激が本業に還元されることは多々ありますが、本業もろとも共倒れになるリスクは大きいわけです。

さて、ここで改めて尋ねたいと思います。

Q あなたはどのような戦略で、限られた時間を使っていますか？

この問いをもう少しブレイクダウンすると、次のような複数の問いに作り変えることができるでしょう。

Q 1日の戦略は？

Q 1週間の戦略は？

Q 1年の戦略は？

Q 3年の戦略は？

Q 10年の戦略は？

Q 30年の戦略は？

Q １００年の戦略は？

このような問いを作ったあと、私はさらに視点を変え、次のような問いを自分に投げかけました。

Q 戦略の先に、そもそも自分は何をしたいのか？

冗談のように聞こえるかもしれませんが、私はこの問いと向き合うために、真冬のモンゴル（なんとマイナス40度！）に旅立つことになります。過酷な自然の中、何日も自分と向き合う中でたどり着いたのは、次の２つでした。

≫A ①何か大きなことを成し遂げたい
②人生１００年をよく生きたい

そして本書は、これら2つの願いに対する私なりのアイデアを提示するものです。

たとえ後悔が残るとしても、限られた時間の中、確信を持って進んでいくための**「時間戦略」**を示しました。

Q ところで「戦略」とは何か？

もちろん色んな定義があると思います。例えばマイケル・ポーターという戦略論の大家は、「戦略＝選択肢のセット」と言っています。でも私にはピンときません。というのも、人生の分かれ道があって「どちらに進んでもいいぞ」と選択肢のセットを提示されても、それは戦略とは言えない気がするからです。

個人的に一番気に入っている戦略の定義は、プロイセンの軍事学者クラウゼヴィッツによる次のものです。

≫ A 戦略家の仕事は〝重心〟を発見することである

何だかカッコイイ定義ですが、いったい重心とは何でしょうか？　クラウゼヴィッツツについて研究されている長沼伸一郎さんから、次のような話を教えてもらいました。

〝クラウゼヴィッツは著書「戦争論」の中で、この戦争の重心は首都か、軍隊かという話をよくしている。つまり、首都を攻め落とせば戦争が終わるのか、あるいは軍隊を撃破すれば戦争が終わるのか。たとえば、ナポレオンはロシア軍を放ったまま首都に入ってしまった。重心は軍隊にあったのに、首都に入ったから重心を取り逃がして、結局全体がガタガタになってしまったというようなことを言っている〟

この話を聞いて、私は「ピン！」と来ました。戦略とはすなわち〝重心〟のことなのかと。本書はこれから、フルライフの重心をみなさんにお伝えしたいと思います。

フルライフのための「時間戦略」とは何か

もしかすると、大局的な思考が得意な方からすれば、これから各章で示される時間戦略は「細かすぎる」と思われるかもしれません。枝葉末節よりも、何が幹なのか気になるタイプですから。そういう方は、おそらく次のような問いが気になるはずです。

Q 一言で言うと、フルライフのための時間戦略とは何か？

この問いは、いきなり結論から述べるとわかりにくいのですが、私は次のように考えています。

A フルライフとは、Well-DoingとWell-Beingの重心を見つけること

たとえ時間のスケール（1日〜100年）がいかなるものであっても、変わらぬ時間戦略の本質は、Well-DoingとWell-Beingの重心を見つけることだと考えています。

本書を通じて、何度もWell-Doing、Well-Beingという言葉が出てくるので、ここからは少しだけ解説をさせてください。まず私は、フルライフに向けた時間戦略を考える上で、時間の中身を次の2つに分けることから始めました。

Doing（する）の時間
Being（いる）の時間

時間は、明確な目標に基づき役割や責任を果たす「Doing（する）」の時間と、特に目標なく過ごす「Being（いる）」の時間に分けられます。これは私が勝手にそう分類しているので、おそらく多くのみなさんにとってなじみがない分け方だと思います。

特にBeingはちょっとイメージしづらいですよね。be動詞のbeです。居る、とも、在るとも言える。目的があって、意識的に何かをしているというよりは、ただ無意識、あるいは習慣的に時間を過ごすことです。隙間の時間や何気ない休憩時間は、beしているといっていいんじゃないでしょうか。

「Think（考える）」と「Feel（感じる）」、あるいは「Work」と「Private」と言い換えてもあながち間違いではありません。

現代社会においては、「Doing」と「Being」の時間のバランスは各人に任されています。ではバランスをとるとはどういうことか？　基本的には自由に時間を使っていいものの、一方で規律を持たないとバランスが崩れるということだと思います。

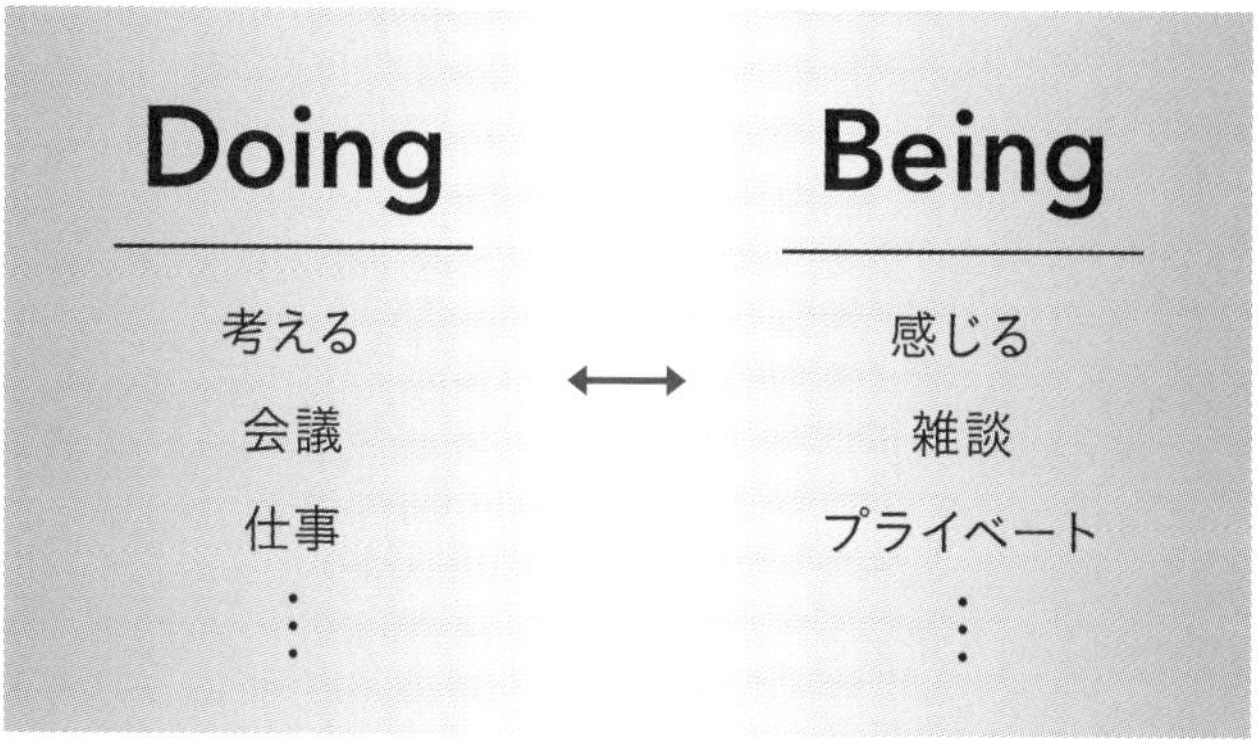

DoとBeのバランスは人それぞれ

そして**自由と規律がセット**になることで、人は自律して生きていけるようになります。

Q 限りある時間の中で、DoingとBeingのバランスをとるには？

≫ A 自由＋規律＝自律すること

戦略とは、重心であり、自由と規律のバランスである。私はそのように考えています。

さて、上の図をちょっと進化させてみましょう。ヨコ軸に0歳から100歳までの時間を取ります。そのうえで、

Beingの時間を、よりよいWell-Beingの時間にする。Doingの時間も同様に、Well-Doingの時間にする。

この2つの時間を合体させることで、フルライフを目指す。

先ほども述べましたが、これが本書でお伝えしたいと思っている「フルライフ」をめざすための時間戦略です。

この本の中で、おいおい説明していきますが、この図の見方には、いくつかポイントがあります。

まず、人生のその時々で〝よくすること〟と〝よくあること〟、つまり**「Well-Doing」と「Well-Being」のバランスは変わってくる**ということです。

人生の前半は、勉強したり将来に悩んだりしながらバリバリ働く、つまりよくやる、Well-Doingの時間に多くのリソースを取られます。

気の合う仲間ができたり、恋人ができたり、あるいは新しい家族ができたりすれば、Well-Beingに過ごしたくなる。一方で、大きな目標や眼の前の仕事が大変なときは、Well-Doingに傾く。歳を取れば体力や集中力の低下といった問題も出てくるでしょう。するとは自然にWell-Doingは減らざるを得ない。

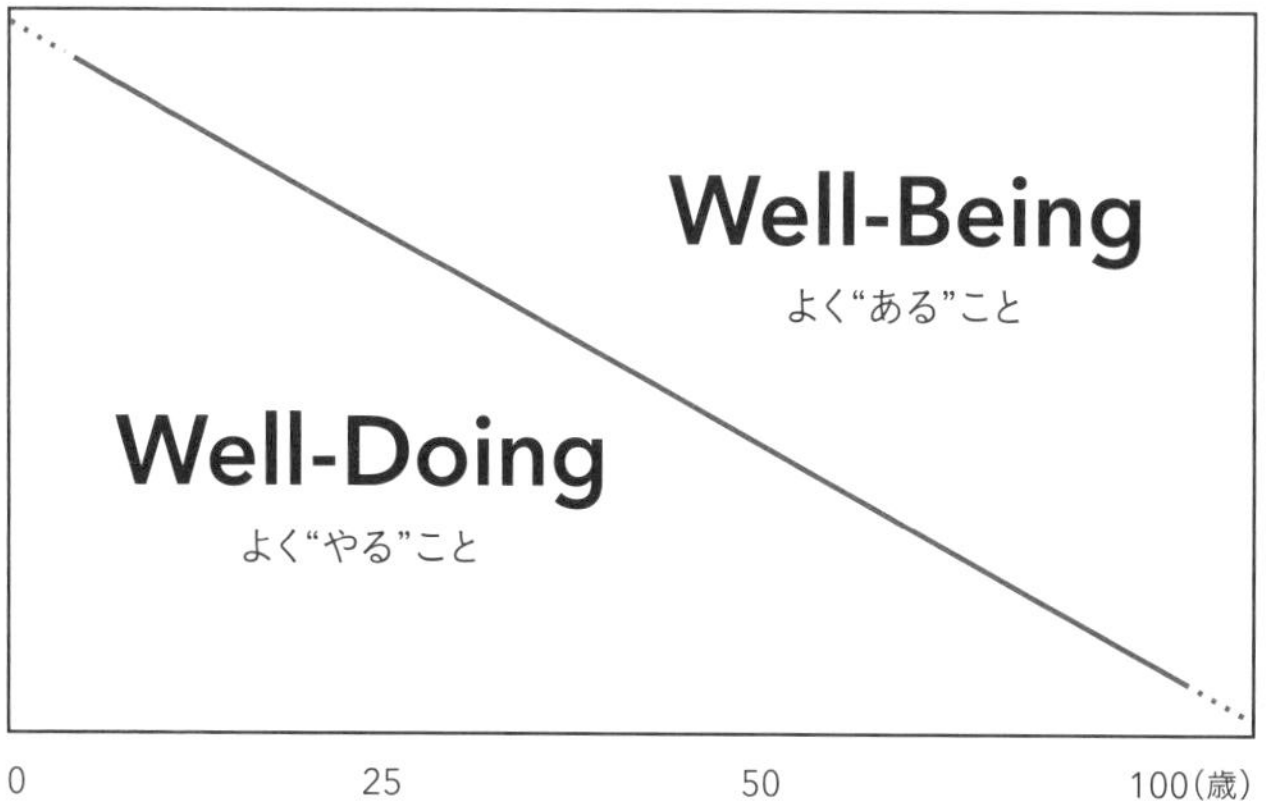

FULL LIFE = f（Well-Doing, Well-Being）

注：fは関数をあらわす記号

この図が表しているもう一つのポイントは、いくら今はバリバリ働いていたいといえども、**Well-Doingな時間ばかり過ごそうとするとバランスが悪くなってしまう**ということです。

今まさにバリバリ働いている人も、Well-Doingの時間をすこし抑えて、Well-Beingの時間を招き入れるぐらいの感覚を持たなければ、人生の後半戦で歪みをもたらすことになります。

仕事の結果に直結しないように思える時間を過ごすのは、もったいない、と感じる人もいるでしょう。ですが50年、60年と働き続けることを考えたときに、「Well-Being」の時間を意識して取り入れることは欠かせません。

経営者の働き方を支えるエグゼクティブコーチという職業があります。彼ら／彼女らの仕事の一つは、「経営者に休みの予定を入れさせること」みたいです。こうした「攻めの休暇」によって、Well-Beingの時間を創りだす。その結果、長期的に高いパフォーマンスでWell-Doingできるようになります。

3年先も見えないと言われる変化の激しい時代の中で、私たちの平均寿命はのび続け、「人生100年時代」に突入しています。定年は75歳ぐらいまで伸びていく可能性があるとすれば、40歳の方でも、まだ30年以上は働くことになります。

そんな時代に、**私たちはどのようにしてハードな（質の高い）仕事を成し遂げつつも、長い人生をよりよく生きればいいのでしょうか。**

それを私なりに一生懸命、知恵を絞って考えてみました。

さて、ようやく準備が整いました。いよいよ本編を始めていくことにしましょう。

この本が読者のみなさんにとって、フルライフの〝**重心**〟をつかむ一助となれば、とてもうれしいです。

目次

はじめに どうしたら一度きりの人生がフルになるのか 003
フルライフの反対は〝空っぽ〟な人生 007
人生を悩ませる2つのジレンマ 010
フルライフのための「時間戦略」とは何か 016

第1章 仕事人生の重心は、すべて「信頼」にある 029
Well-Beingは職場の課題を一挙に解決する 030
「信頼の文化」を築くための3つの問い 036
大成するキャリアは3つに分けられる 039
質の高い仕事をするには誰の信頼が必要か？ 043

仕事の幅を広げるには誰の信頼が必要か？ 047
志を達成するには誰の信頼が必要か？ 051

第2章
生産性の重心をとらえる3つの「時間軸」 053

1日の重心は、仕事の始まりと終わりにある 055
「To Do」ではなく「To Feel」の振り返りを 060
1週間の「終わり」はどこであるべきか 064
現代人が「社会的時差ボケ」に陥る理由 067
睡眠にも仕事にも効く「土曜スタート」 069
10年先の目標がポエムになる理由 074
すごい人は3段階で計画を立てている 076
イーロン・マスクのすごいプランニング 082

第3章 創造性の重心は「大局観」にある……089
知的生産には広く、深い情報が必要である……090
すべては「コンセプト」から始まる……095
ビジネスのコンセプトはどう作ればいいのか……098
具体と抽象を行き来する能力とは……103
直観・論理・大局観を切り替えよ……105
働く人々が生きる4つの時間領域……111
大局観が発揮される時間領域とは……115
第4章 人生100年時代の重心は「実りの秋」にある……123
生涯の「志」をいつ決めるか？……124
人生100年を春夏秋冬でとらえる……128
異なる分野を大局観で行き来する……135

圧倒的な成果を出せる分野を見つけること……141

第5章 真のWell-Beingとは「自分らしさ」の先にある……145

人類は進化してどのぐらい幸せになったのか?……147
Well-Beingは体験と評価で測られる……153
幸せなのは「どのような人たち」か?……155
Well-Beingの定義はアップデートできるか……161
真のWell-Beingとはなにか……164

おわりに 新しい時代の重心は「私たち」である……174

参考文献……180

第1章

仕事人生の重心は、すべて「信頼」にある

Well-Beingは職場の課題を一挙に解決する

「長い仕事人生の中で、何か大きなことを成し遂げるため」に、本章では、その重心と時間戦略の全体像を示していきます。

まずは職場の重心としてのWell-Beingのお話です。本書の冒頭で私は次のように述べました。

A フルライフとは、Well-DoingとWell-Beingの重心を見つけること

これはすなわち、職場のWell-Being度が高いと、職場におけるWell-Doing度（生産性と収益性）も高い傾向にあることがわかっています。これを図で表現すると、次のようになります。

この図は同時に「なぜ職場のWell-Being度が高いと、Well-Doingにつながるのか?」、そのメカニズムも示しています（詳細は私がハーバード・ビジネス・レビュー誌

職場におけるWell-BeingとWell-Doingの関係

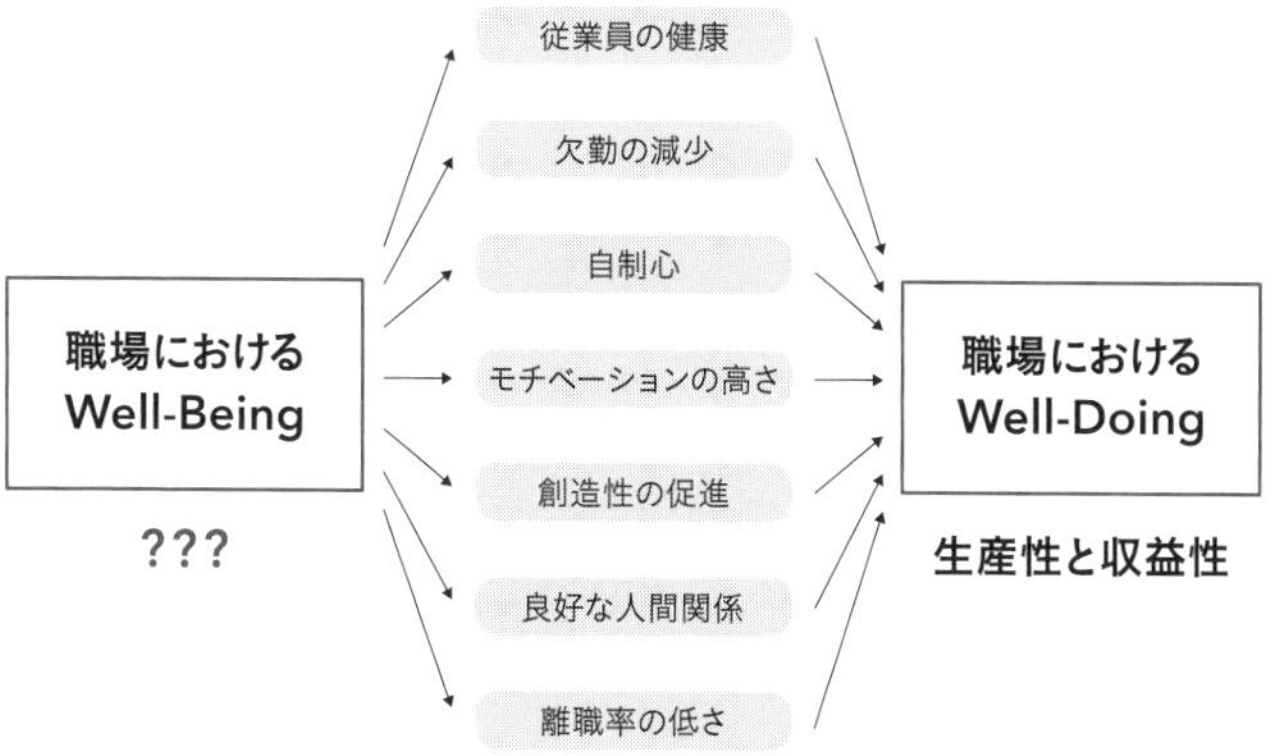

（2018年6月号）に寄稿した「職場の孤独への対処法：ウェルビーイングを追求する」をご覧ください）。

それよりもこの図を通して私がみなさんに投げかけたい問いは次の通りです。

Q 職場におけるWell-Beingの重心は何か？

そもそもWell-Beingとは何か、どうやって測定するのか、という点については5章で解説しています。なので一旦そのような疑問は脇に置き、「要はどのような状態だとその職場はWell-

Beingと言えるのか？」、端的に結論を言いたいと思います。それは次の通りです。

A 「信頼の文化」がある職場

もちろん、職場がWell-Beingであるために重要な要因は数限りなくあります。しかし「たくさんあります」では何も言っていないのと同様です。ここは勇気を持って最重要項目をあげるとすると、**「信頼の文化」**になります。

経済学と脳科学をかけ合わせた神経経済学という分野の第一人者に、クレアモント大学院大学のポール・ザック先生という方がいます。彼は、成果を挙げる国や組織にはある共通の文化があるという発見をしています。それが「信頼の文化」です。

ビジネスパーソンはほとんどの時間を組織で過ごしているわけですが、組織のなかに「信頼の文化」が醸成されていないと最悪です。いくらお給料が高くて、仕事も刺激的で、ピカピカのオフィスでも、信頼関係がないと、つらい仕事になりそうですよね。

しかし、「信頼の文化」を築くのは容易ならざる道です。これが難しい理由は、**本**

人の力だけではどうしようもないからです。組織の評価制度や上司の接し方であるとか、会社全体の問題です。ただ、自分が同僚や部下に対して「敬意を持って接する側」に回ることは、自分の意思でもできます。それが巡り巡って自分への敬意となって返ってくる。その戦略しかないと思っています。

ところで、信頼とはなんでしょうか？

「信頼関係」とは言っても「信用関係」とは言わないように、「信頼」は双方向のものです。

「信用」はどちらかというと一方向のものです。信用は、理性的なジャッジです。ビジネスに引きつけて言うと、こいつは仕事ができるかできないか、期日までにやりきれるのか。できるやつはＯＫ、できないんだったら淘汰という弱肉強食スピリッツがプロフェッショナリズムの裏にある。

それに対して「信頼」は、相手との感情的な結びつきです。親が子に対する態度みたいなものですね。よく「信頼は築くのが大変だけど、崩れるのは一瞬」って言うんですけど、あれは嘘だと思っています。「築くのは大変で、崩れるのが一瞬」なのは、信用のほうです。何かアクシデントが起こったくらいでは、崩れないものが信頼ですから。

「こいつを信頼する」と決めたんだったら、仕事ができなかろうが、刑務所に入ろうが、「オレとおまえ」の仲だから、と信頼の態度を崩さない。つまり信頼とは、能動的な決断による関係性なんです。

Q 信頼とは何か?

A 信頼とは感情的な結びつきを含む双方向の関係性

そういった信頼の文化がある国や組織は、繁栄しやすい。安全や安心は、発展の礎になるからです。

この「信頼を作る」ということを重視しているのが、スポーツチームです。スポーツチームは勝敗がわかりやすいので、結果にシビアです。毎年監督が替わったり選手が替わったりするため、クイックに文化を作らないといけないんですね。結果も目に見えるかたちですぐに出るから、「組織作り」の研究対象になりやすい。

サッカーのマンチェスター・ユナイテッドというクラブでかつて、アレックス・ファーガソンという人が監督を務めていたことがあります。選手でいうとベッカムらがいた頃の監督で、とにかく勝ち続けました。

実はファーガソン監督には、歴代の監督のなかで彼だけがやっていたことがあります。チームがゴールを決めた時、最初に抱き着いて喜びを共有する相手は、得点を決めた選手ではありませんでした。ベンチにいる用具係のおじさんだったんです。もしもゴールを決めた選手を祝福すると、それは「信用」になります。できたやつが評価され、そうでないやつは放っておかれるんだ、と。

これ、松下幸之助も同じことを大事にしています。「縁の下の力持ちこそ、みんなの前でしっかり認めるべし」。ゴールという結果が出た時、スパイク磨きやユニフォームの洗濯をしてくれる、チームを陰で支えてくれている用具係のおじさんにまず最初に感謝を示す。その姿を周囲に見せることでファーガソン監督は、チームが末端の構成員を含めた全員の信頼から成り立っているという意識を、チーム全体に浸透させていたのです。

「信頼の文化」を築くための3つの問い

では、ビジネスの世界において、どのようなコミュニケーションを意識すればチーム内で「信頼の文化」が芽生えるのか。先ほどのポール・ザック先生によれば、次の3つのポイントについて気にかけてあげるとよいそうです。

Q 仕事は順調ですか？

Q 人生は順調ですか？

Q ご家族は幸せですか？

一つ目は、メンバー同士で「仕事は順調ですか？」という話をすること。「順調ですか？」をもう少し嚙み砕いて言うと、日々の仕事で「学びや変化がありますか？」ということです。人間は飽きっぽいので、学びや変化がなくなった瞬間に「順調」と思えなくなります。

この質問は、1週間に1回ぐらい聞くといいとわかっています。たとえ成果は出ていなかったとしても、本人のなかで学びや変化がある1週間だったら、その人にとっては順調だと思える。その一方、たとえ成果が出ていたとしても、日々がルーティンの繰り返しのように思えたら、とても順調とは感じられない。つまり、学びや変化があるから、人はがんばれるのです。

2つ目は、「人生は順調ですか?」という話をすること。この質問は年明けだったり、夏休みの前後だったり、半年に一度ぐらいでいいでしょう。たまには一緒に、目先の仕事から離れたでかい話をしようぜ、というノリを人間関係のなかに意識的に持ち込んだほうがいいですね。お酒を飲みながらでもいいと思います。お酒を飲んでいるときって急にでかいこと言いたくなりますから。

3つ目は、「ご家族は幸せですか?」。プライベートについての話です。二人きりで、雑談する機会があるときに聞いてみる。

この3つのことを相手に聞けるようになるためには、まずは自分から、この3つについて話しておくのが大事です。先に自己開示することで、他の人も同じ話題についてしゃべりやすくなる。

つまり、**信頼の文化を作るには、相手の仕事・人生・プライベートと全方位的に気遣うこと**です。すると相手は「ひとりの人間として認められている」と感じ、信頼の文化が築かれていきます。

ここ数年、eNPS（Employee Net Promoter Score：従業員ネットプロモータースコア）に非常に注目が集まっています。従業員が所属する企業に対し、どれぐらい満足感を抱いているかを計測するリサーチ法です。離職率を極めてよく予測するスコアとして、急速に導入が進んでいます。例えば投資家や企業が会社を買収しようかどうかというときに、従業員のeNPSを調べています。そうすると会社の状況がよくわかるし、買収した後に社内でどんな動きが起こるかの予想も立てやすくなる。

これ、たった1つの質問でできているんです。

Q 友人に対して、自分の会社をどのくらい推奨しますか？

この質問に0から10までの11段階評価で答えてもらう、それだけです。財務諸表には載らないこの指標が、ものすごく大事なんです。この会社は今後、中長期的にどうなんだろうかという点については、財務諸表の数字よりもeNPSのスコアのほうがよく予測するとさえ言われています。

もう一度お伝えします。「友人に対して、自分の会社をどのくらい推奨するか」。私の考えでは、このたった1つの質問は「その会社に信頼の文化が築かれているかどうか」を間接的に聞いています。

大成するキャリアは3つに分けられる

ここまで職場におけるWell-BeingがWell-Doing（生産性・収益性）に寄与すること、そしてその重心が「信頼の文化」にあるということをお伝えしてきました。

それを踏まえて、ここから長い仕事人生における時間戦略の全体像を示していきます。

もちろん、私自身このテーマについてはさまざまなことを考え、あるいは教えられてきました。それらを統合し、特に時間の使い方という観点から考えると、次に示す一枚の図に整理できます。

この図はとてもシンプルなことを言っています。ヨコ軸に時間、タテ軸に成功を置いています。ちなみに「成功」ですが、おそらく20世紀的なそれは、社内の役職の階段を駆け上がることだったかもしれません。

ですがこれからはもう、そんな時代じゃないですよね。あるいはお金を得るといったことよりも、もう少し大きなスケールで考えたいと思います。ここで言う「成功」とは、例えば後世に名を残すような**「社会的なインパクトの大きさ」**という意味です。

この図が示しているのは、何か大きなことを成すためには「3つのフェーズ」があるということです。

ちなみに私がこの図を教えてもらったのは、34歳の時です。当時の私は、一言でいうと「ふてくされて」いました。というのも、同級生や後輩たちがどんどん活躍していくのに、どうして自分はこんなにダメなのか。一体、彼ら／彼女たちと比べて自分は何が足りないのか、人生の迷子になっていた時期です。

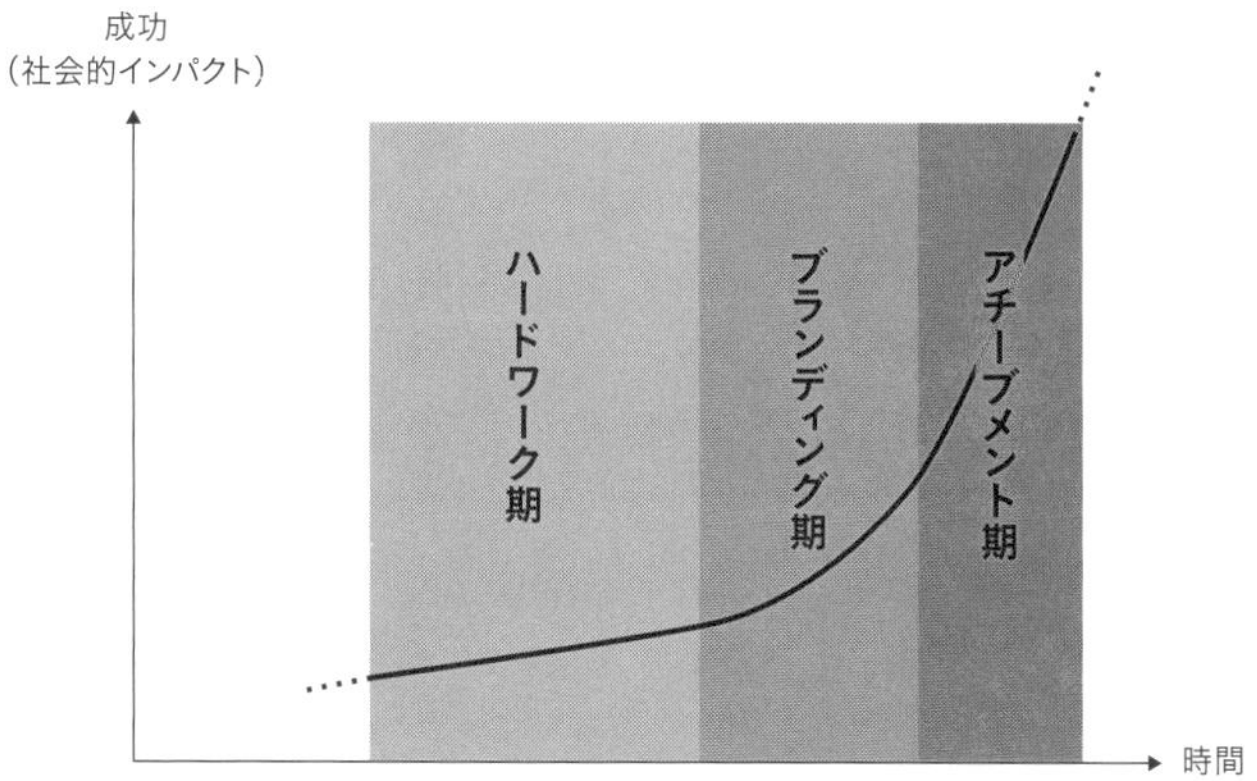

そこに現れたのが、Yさんです。私と関わっても何の得にもならないのに、Yさんはじっくりと話を聞いてくれた後、こういったのです。

「石川くん、僕はいろんな人を見てきた。もちろん、一人ひとりの人生の軌跡は様々だけど、あえて成功のパターンを探すとこうなっているようだよ」

そういって、さきほどの図を示してくれたのです。当時Yさんに聞いた話を、ざっくり説明します。

まず最初に誰しもの身に訪れるのは、成功の度合いが直線的なままの**「ハードワーク期」**です。ハードワークと言っても、ロングワーク（長時間労働）をすることではありません。「質の高い仕事をすること」をハードワークと考えてください。周りから一目置かれるような仕事を積み上げていくイメージです。

ここは現場によっては、下積みと呼ばれるものかもしれません。だけれども、下積みを重ねていったときに、ある時点から急速に成果につながっていきます。

次に訪れる**「ブランディング期」**は、周りからの信頼を集め、仕事の幅を広げながら自分というブランドを固める時期です。成功のカーブが右上がりに転じて、加速的に結果が出始めます。

3つ目の**「アチーブメント期」**では、曲線は垂直に近い軌道を描きます。自分の仕事をどんどん社会的に還元することのできる時期。ここに到達するのは、早い人で50歳ぐらいではないでしょうか。

私はYさんの話を聞いて、「そうだったのか!!」とピンときたのです。つまり、これからの人生をどう歩んでいけばよいのか、ボンヤリではあるものの、戦略が見えるような気がしたのです。そして「ピン！」と来た直観がなんだったのか、丁寧に言語した内容が本書のひとつの骨格となっています。

まず、この図を理解するうえで一番重要な発見からお話していきたいと思います。

それは次の通りです。

これら3つのフェーズは、**「誰の信頼を得ながら仕事をするのか」**という意味で、重心の置き方が違います。

つまり、仕事の重心は「信頼」にポイントがあるのです。

これは私にとってきわめて重要な発見でした。とはいえ、もっと詳細にご説明しないと意味がわからないと思うので、3つのフェーズの一つひとつについて、順番にくわしく見ていきましょう。

質の高い仕事をするには誰の信頼が必要か？

もっとも重要なフェーズは、ハードワーク期です。序盤戦でどれだけハードワーク、質の高い仕事を積み上げられるかが、のちの人生にとって大きな伏線になってくる。

この時期に「高めるべきパフォーマンス」は、自分の武器となる専門性であり、業務上の能力です。例えば「○○（が専門）の石川」と、名前の前につく「○○」を手に入れるよう努力する。気の利いた人になると、掛け算しようとしますね。より希少性を出すために「スキルXとスキルYの石川です」と。

質の高い仕事をもらうことでハードワークができるし、実力をつけることができるんですが、若い頃は経験もスキルも人脈もないですよね。そういう人間がハードなプロジェクトや仕事を任せてもらうためには、どうしたらいいか。簡単ですね。偉い人から仕事のチャンスをいただかなければいけません。

若い時は、同世代とつるみたくなるかもしれませんが、その人たちは、悩みの解消ぐらいはしてくれるかもしれませんが、質の高い仕事をくれるわけではない。もっとでかいことをしたいと思ったら、年上の偉い人やすごい人たちと仲よくなるしかありません。

まだ何物でもない若い自分が、すごい人から信頼を得て、質の高い仕事をもらうために必要なものは何か？　私の考えによるとズバリそれは次の2つです。

Q すごい人から信頼を得るために必要なのは？

A 「可愛げ」と「大物感」

身も蓋もない言い方をすると、「すごい人に好かれるためのポイント」と言えるでしょう。

可愛げだけだと、ただ可愛がられるだけで、飲み会要員として呼ばれて終わりかもしれません。それに加えて大物感を出さなければ、質の高い仕事は降ってこない。逆に大物感だけでは、お前は生意気だと反感を買うだけなので意味がない。一見矛盾する、可愛げと大物感を両方セットで身につけることが必要です。

さて、可愛げの磨き方は他の書物を参考にしてもらうとして、本書では「大物感」について考えてみましょう。そもそも、大物感のある若者の特徴は一言でいうと何になるでしょうか？　おそらくそれは、次の一点に尽きると考えています。

Q 若者が大物感を出すには？

≫A 時代を語る

つまり「これからは○○の時代が来る」というふうに、大上段に振りかぶって時代を語るのです。なぜなら偉くてすごい人たちが若者に何を聞きたいかというと、「次は何の時代か？」なんです。ただ、そこで例えば「次はＡＩの時代です」と言っても、エッジが立ちません。自分独自の「次は○○の時代です」を語れると、途端に大物感が出てきます。そのためにも普段から、未来のことを考えるよう癖づけておくのがいいでしょう。

人生１００年時代の時間戦略を考える本書は、まさに自分の時代を考えるための戦略書です。自分は3年後、10年後、そして50年後どのように生きるのか。それを考えるときには自然と、10年先の世界や日本にも想いを馳せるはずです。

ぜひ、自分オリジナルの時代を予見してみてください。タピオカの次を考えるのだって、スマホの次を考えるのだって、時代を考えることですから。

ここで重要なポイントは、次の時代がなんなのかというのを大雑把に語ることが許されるのは、若い時期だけということです。60代のおじさんが「次の時代はこうだ！」と言い出しても、あんまり耳を傾ける気になりません。

NewsPicksのような経済メディアを見ている方はわかると思うんです。若いしまだ実績がさほどあるわけじゃないけれども、大物感が漂う若い識者は間違いなく、時代を語っています。そして記事にはならないところで確実に、「可愛げ」をいっぱい発揮しています。友人も多いので、取材では一見強面の彼ら／彼女らの、取材外での可愛げを窺い知ると、見習うべきことばかりです。

若いからこその特権を、大いに活用するのが「ハードワーク期」です。「可愛げと大物感」のセットで、偉くてすごい人から質の高い仕事をもらい、自身を磨いていきましょう。

仕事の幅を広げるには誰の信頼が必要か？

次にやってくるのが、ブランディング期です。ここで己のブランディングに成功した人だけが、アチーブメント期まで到達することができる。

このフェーズにおいて高めるべきは、仕事の能力ではありません。というか実務能力が万全に高まったからこそ、次のフェーズへ移行することができるわけですから、別のものを磨くべきです。このフェーズで高めるべきは、「人間としての魅力」です。

さきほど、ハードワーク期に獲得すべきなのは自分の武器となる専門性であり業務上の能力、「○○（が専門）の石川」という肩書きだと話しました。この言われ方には、メリットとデメリットがあります。「○○の石川」という言い方って、実は「○○」のほうに焦点が当たっているわけです。「○○」だけが情報として受け取られていて、個人としての理解は得られていない。しかも「○○」の分野で自分より若いフレッシュな人が出てきたら、簡単に取って代わられます。となれば「○○の石川」という言い方の、「石川」のほうに注目してもらうよう努力しなければいけない。

もう一つ、「○○の石川」という言い方で自分が語られることのデメリットがあります。来る仕事が自分の専門性とか経験に寄ったものばかりとなり、自分の幅が広がらなくなることです。人間としての総合力を高めるためにも、一度築き上げた「○○」の領域から外へと飛び出さなければいけません。

言い換えるなら**ブランディング期は、「他分野からの信頼」を獲得する時期**である。仕事でいうと「他部署からの信頼」、あるいは「他業界からの信頼」です。ハードワークは「深める」時期ですが、ブランディング期は「広める」時期です。自分の専門性がないところの分野の人たちと出会い、知見を吸収していく。自分の幅を広めると共に、自分という存在を広める時期です。

このフェーズにおいても、ハードワーク期で語った「可愛げと大物感」と同じように、意識的なパフォーマンスが重要になってきます。

ちなみに、人間としての魅力をアピールしようとして、自分の過去の実績を語り出すのはNGです。すごい人アピールは、「ああ、すごいですね」と思われて終了です。「すごい人なんだな」という信用は得られても、「この人とは仕事を超えてつながりたい」という信頼は得られないでしょう。

ハードワーク期を過ごし、実績を得た人間が本当にアピールすべきは、次の一点に尽きます。

Q 実績のある人間がアピールすべきものは？
≫A 弱さ

つまり、「石川ってめっちゃルーズなんだけど、すごくいいやつなんだよね」という具合に、周りから「××だけど、実は○○」というふうな認識のされ方をすると、人間的魅力がある人として存在が広まっていきやすいんです。ツッコミどころがある人のほうが、口コミに乗りやすくなりますから。

こうした一連の現象の背景には、人間の本質として**「他の人を見下したい生き物」**という点があります。ちゃんと見下していいポイントを作り、それを自分から提示するということがものすごく重要です。いい自分、できる自分だけを見せていてもしょうがない。弱さがあるから、人間としての魅力が出てきます。

さて、次の問いに移りましょう。

Q ブランディング期は、誰の信頼を得るべきか?

A 同世代の仲間

私は同世代の仲間だと考えています。大御所と付き合い続けていても、彼ら／彼女らはいずれ会社や社会からいなくなってしまいます。それよりも業界の内外で同世代のいろいろな仲間を増やし、彼らが近い将来偉くなった時に手を取り合える関係を構築しつつ、自分自身の器を広げていきましょう。

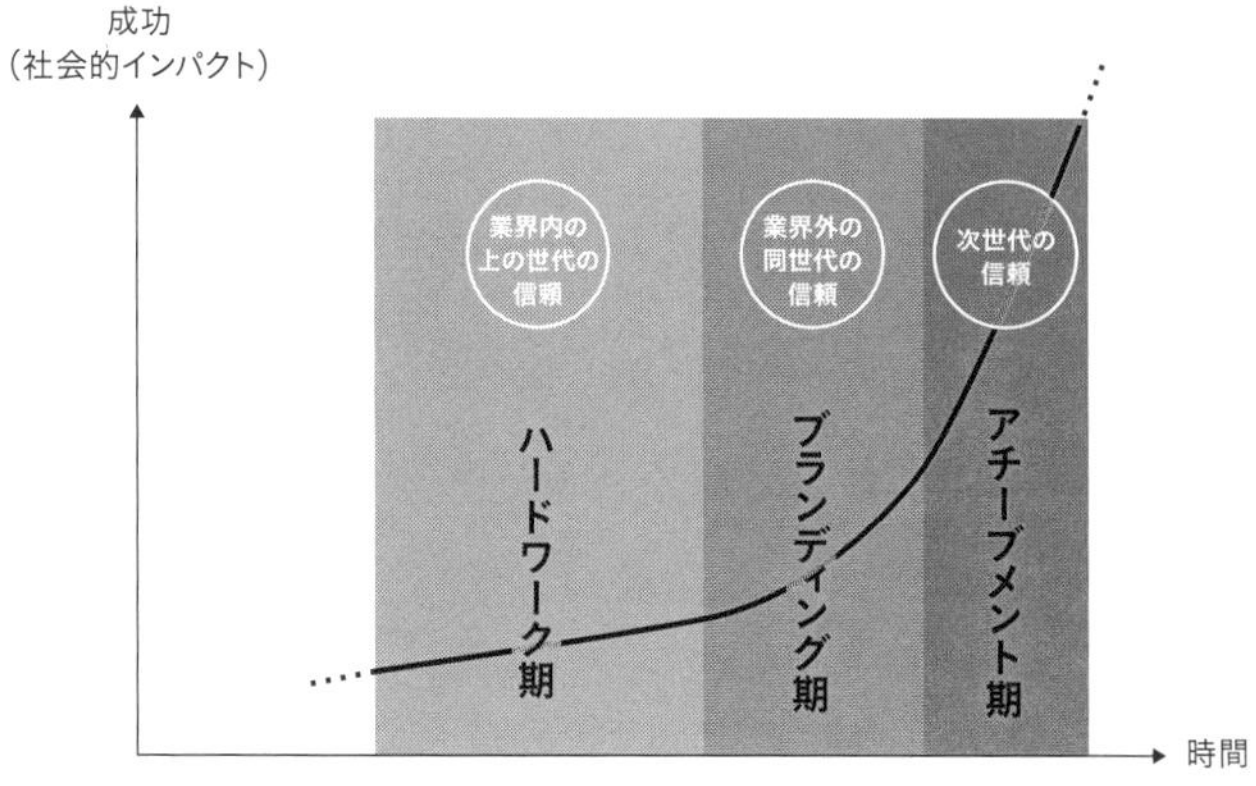

志を達成するには誰の信頼が必要か？

やがて第3のフェーズであるアチーブメント（達成）期がやって来ます。自分が人生で何を本当に成し遂げたいのかという志は、第1、第2のフェーズにおいて専門性を深めたり、いろんな分野の人と知り合うなかで、時間をかけて初めて見つかるものだと思います。その志を、仲間と共に達成していく。このレベルになると仕事というより、「志事」ですね。

この頃になると「石川さんには△△という仲間がいるよね」という言葉で、周りから自分を認識されることになるんだと思います。

アチーブメント期になると、もはや自分自身の能力や人間的な魅力はどうでもいいです。それよりも仲間の能力や魅力を磨くことに専念すべきです。その上で、「私たちは○○を目指しています！」というビジョンを、より遠くまで広められるよう努力する。この時期に付き合うべきは、「次世代の若い人」だと思います。若い人たちから信頼を得られるよう、時間の使い方を工夫すべきです。

さて1章では、Well-Beingが、Well-Doing（つまり仕事の成果）につながること。そして、職場におけるWell-Beingの重心が「信頼の文化」にあるということをお伝えしました。

さらに、長い仕事人生を3つのフェーズに分け、その信頼を誰から得るかによって、仕事の成果が飛躍的に実ることをお伝えしました。

仕事人生における戦略の全体像をお伝えしましたが、ここから、3つそれぞれのフェーズで、どのような時間軸で戦略を組み立てるべきかを考えていきます。

第2章

生産性の重心をとらえる
3つの「時間軸」

いよいよ、本章からは具体的な時間戦略について考えていきます。

あらゆる仕事の時間軸の中で重心を見つけていくということは、**「生産性」**を劇的に上げることになります。

まずはハードワーク期における時間戦略です。扱う時間のスケールは次の通りです。

1日
1週間
3～10年

本章ではこれら3つの時間軸に対して重心がどこにあるのか、私の考えを述べていきますが、先に結論だけ述べておきましょう。

Q　1日の重心は？
A　仕事の始め方、終え方
Q　1週間の重心は？

A 金曜日の夜8時以降

Q 3〜10年の重心は？

A 3段階プランニングの2回目の目標設定

繰り返しになりますが、重心とは言い換えると、自由と規律のバランスをとるということです。なので、私が考える時間戦略とは、別に「予定をガッチガチに固める」というわけではないです。基本的には自由に時間を使っていいのですが、少しの「規律」を取り入れることでフルライフを目指していこうという考え方です。

それでは、さっそくいきましょう。まずは、1日を過ごす上での重心です。

1日の重心は、仕事の始まりと終わりにある

まず、問いから始めたいと思います。

Q よい1日とは何か？

これについては、人それぞれ意見があると思います。ただ、重要な事実があります。それは次の通りです。

「日中に起こることの多くは、自分ではコントロール不能」

私は現実主義者なので、自分でコントロールできないことについては、スッパリ諦めるたちです。それよりも、自分がコントロールできることに集中したほうがいい。

すると「よい1日とは何か？」という問いは、次のように変換できます。

Q コントロール可能な時間の中で、1日の評価に大きな影響を与えるのはいつか？

私の場合、それは「仕事の始まりと終わり」でした。仕事の始まりと終わりはコントロール可能だし、それを素晴らしいものにできれば、たとえ日中にどんなアップダウンがあったとしても、それはよい1日だったと思えるのではないか、と。

はい、ということで私の結論は以下の通りです。

≫A「1日の重心は、仕事の始まりと終わりにある」

とはいえ、これだけだと単なる思い込みにしか過ぎないので、実際に検証を行ってみました。2019年、ビジネスパーソン5000人を対象とした調査を行いました（電通バイタリティデザインプロジェクトとの共同研究）。具体的なリサーチ・クエッションは、次の通りです。

Q バイタリティが高い人たち注は、どのように仕事を始め／終えているのか？

注：よい1日を過ごしている人たちという意味合い

バイタリティと「仕事の始め方」の関係

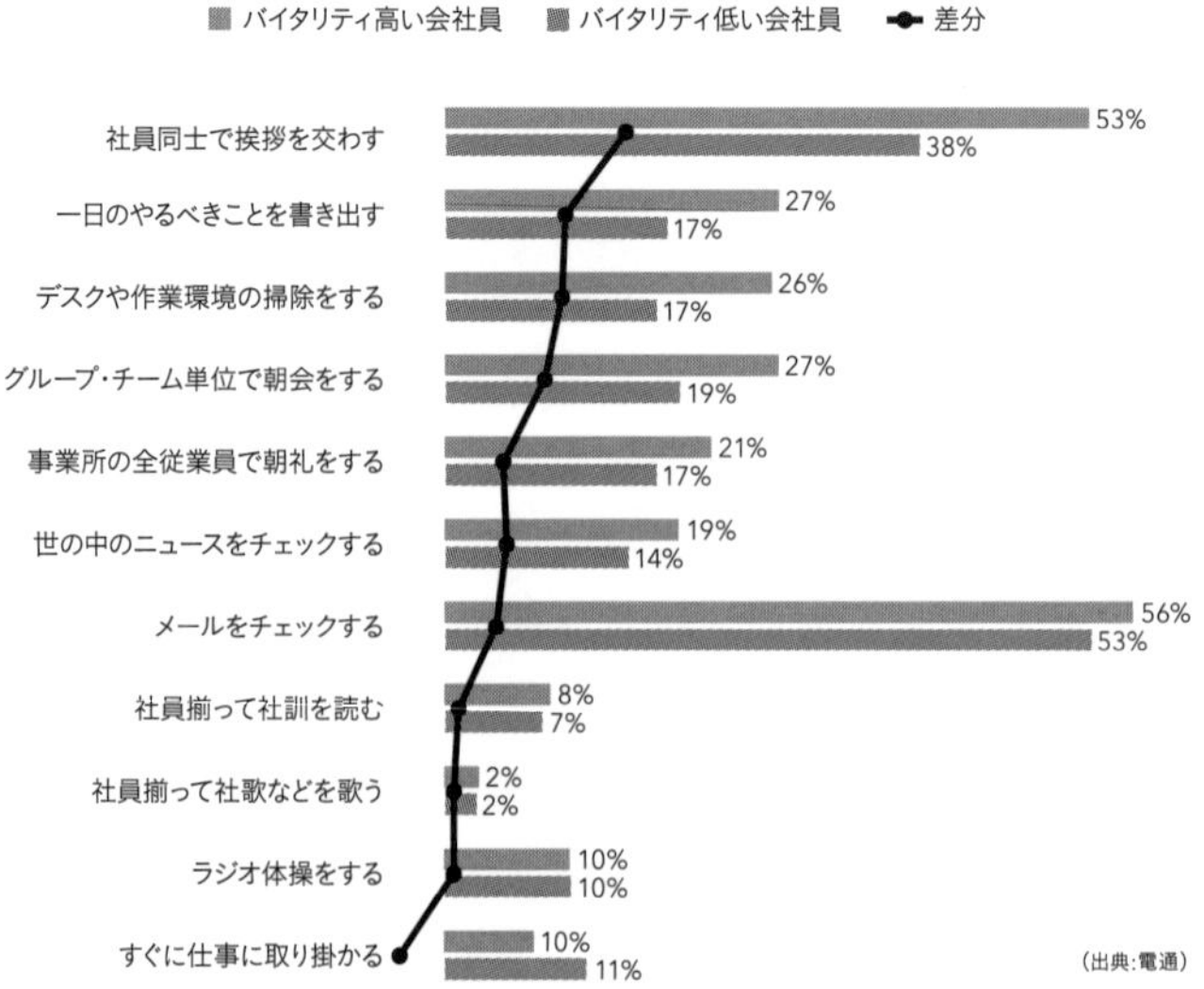

（出典：電通）

まず、**「仕事の始め方」**からいきましょう。旧来の考え方だと、出社するや一目散にパソコンに向かう人が「元気よく仕事に取り組んでいるなぁ」と思われていたかもしれません。しかし、調査結果は意外なものでした。

　バイタリティが高い人が、会社に来てまず何を行うのか。すぐに仕事を始めるのではなく、「同僚と挨拶を交わす」あるいは「ToDoリストの確認」だったので

バイタリティと「仕事の終え方」の関係

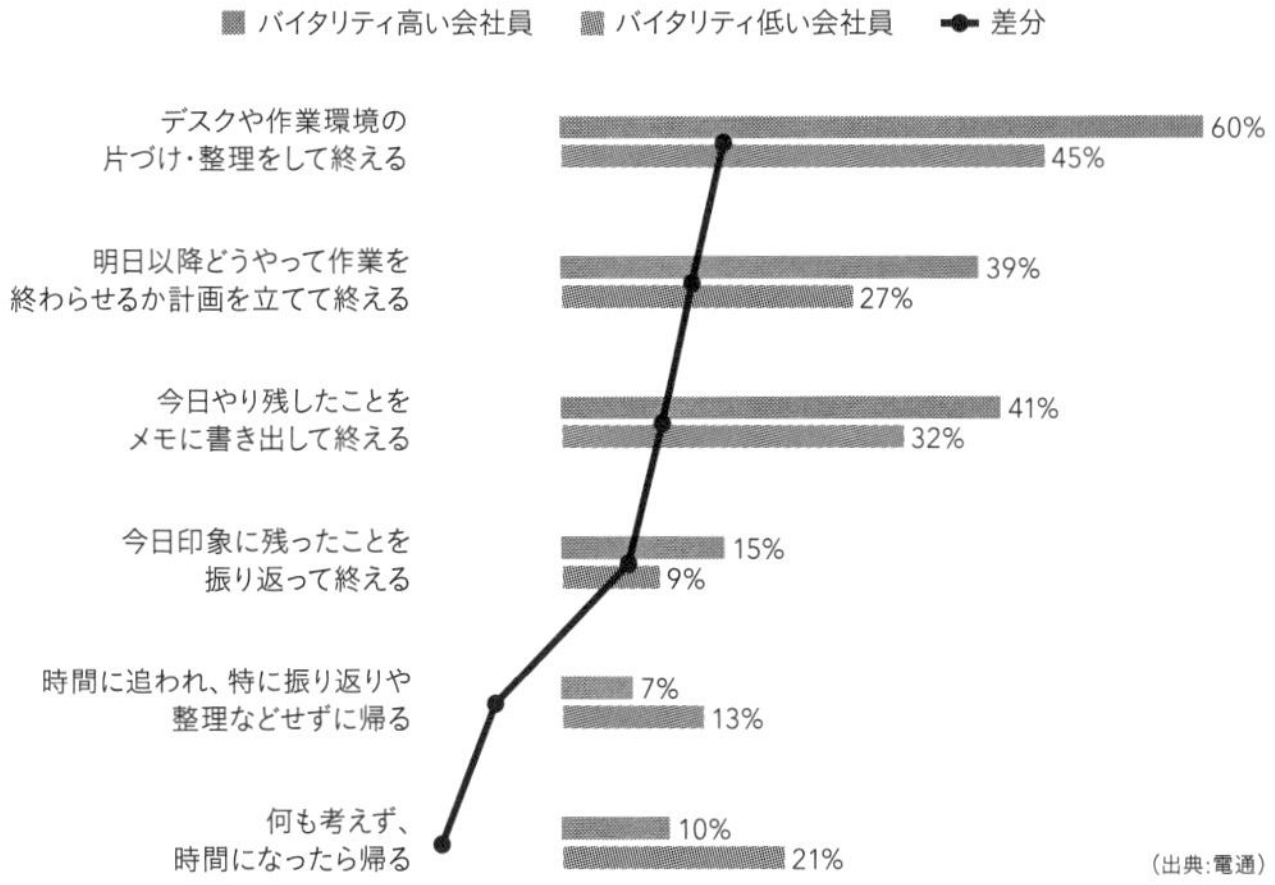

（出典:電通）

す。その反対に、会社に来てすぐ仕事に取り掛かる人は、バイタリティが低い傾向にありました。

では、**「仕事の終え方」**についてはどんな結果が出たでしょうか。

まず最高に面白かった発見は、「時間になったから帰る」人は、バイタリティが低い傾向にありました。

一方で、その日のタスクを振り返りながら翌日以降の仕事の計画を立てたり、身の回りを片づけ・整理整頓してから帰ったりする人は、バイタリティが高かったんです。

仕事の始め方と終え方の図を見比べるとクリアになるのですが、機械的に仕事に「流されている」ような人はバイタリティが低いです。反対に、自分の仕事を俯瞰したうえで、主体的に取り組んでいる人はバイタリティが高いという結果が出ています。

以上の議論をまとめると……**うかつに仕事を始めない、そして、うかつに仕事を終えない。**この2つの重心を意識することが、1日を過ごす上での時間戦略になりそうです。

「To Do」ではなく「To Feel」の振り返りを

もっとオススメの「仕事の終え方」があります。それは**「To Feelの振り返り」**です。

なぜ「仕事の終え方」が大事か。人はすべての体験を平等に考慮して、その日1日を評価するわけではないからです。昔から「終わりよければすべてよし」という慣用表現がありますが、本当にその通りなんです。

心理学者で2002年にノーベル経済学賞を受賞したダニエル・カーネマン教授が提唱する、**「ピーク・エンドの法則」**はご存じでしょうか。

人は偏った体験をベースに評価を下す傾向があります。例えば、恋人と楽しくデートをするとします。一個一個の思い出を取り出せば、すごく楽しい「体験」だった。でも、最後の3分間に恋人と大喧嘩して別れたら、その日1日は最悪だったという「評価」になります。つまり、人はすべての「体験」を等しく「評価」しているわけではありません。ピーク時の経験とエンドの経験、特に最後の経験の記憶で全体を評価してしまいがちです。

Q　では、「To Feelの振り返り」とは何か？

A　1日の終わりに印象に残ったことを振り返ること

やり方はシンプルです。仕事の終わりに「今日1日、何が印象に残っただろうか？」という問いを、自分にするんです。毎日1分でもいいので、オフィスを出る前に「何が印象に残ったのか？」と振り返ってください。

いい印象でも悪い印象でもいいから、「今日感じたこと」を見つめ返してみる。ToDoリストのように明日からの計画も立てなくていいんです。何が印象に残ったかを考えるだけで、自然と評価がよい方向へ上向いていきます。

これは「計るだけダイエット」みたいなものです。単に体重を計っているだけですが、その過程において意識・無意識レベルのさまざまな振り返りを行うので、行動の改善につながっていくのです。

1日を終えるときは、今日印象に残ったことを振り返る。

そうすることで、今日という日は人生において、特別ではなかったかもしれないけれど、かけがえのない1日であることを実感できるようになる。その結果、人生の評価を高めることができます。

副次的な機能も期待できます。もしも「うれしい」「楽しい」というポジティブな感情が月曜から金曜まで何もなかったら、それは何かを変えたほうがいいんだというシグナルです。

逆に、ポジティブな感情ばかり続くときも注意が必要です。何か難しいことにチャレンジしていれば、必ず壁にぶつかります。そこで、「悔しい」とか「悲しい」といった感情が起こるはずですから、そういった感情を久しく体験していないというのであれば、最近自分はチャレンジしていないのかなと気づけるはずです。

さらにもう一点、「怒り」の感情にも大切な意味があります。「怒り」は自分が大切にしていたものが脅かされた状況において湧きあがる感情です。ゆえに怒らないというのは、大切にしているものを守るためにチャレンジしていないと言えますし、そもそもその仕事には、自分にとって大切なものがないのではないかという疑問にもつながります。

このように毎日、自分の感情を振り返っていくことで、今の自分に足りないものは何かを客観的に見つめることができます。

この際にもう一つの重要なポイントは、**具体的にアウトプットすること**。「ひとりで自分の頭のなかで振り返る・整理する」よりも、誰かと話しながら、業務的ならば日誌や日報、個人的ならば手帳や日記、メモに書き出すことです。それによって、脳に情報を刷り込ませることにつながります。

ときには周囲の人も「To Feelの振り返り」に巻き込んでしまいましょう。ひとりで自分の頭のなかで振り返る・整理するよりは、誰かと話しながらやったほうが、より効果が高いです。リーダーやマネジメントの人は、職場のメンバーを助けるつもりでぜひ。

始まりも大事ですが、評価に大きな影響を与えるのは、最後の体験なんです。「To Feelの振り返り」をする時間を作ることで、1日の記憶をいい印象に上書き保存する術は、ビジネスパーソンが今すぐ気をつけたい「重心」になると言えるでしょう。

1週間の「終わり」はどこであるべきか

さて、1日の時間戦略を見てきましたが、同様の方針が1週間にも当てはまります。すなわち、1週間の始め方と終え方が重要になるということです。

ここで、素朴な問いを投げさせてください。

Q 1週間の「終わり」はいつですか?

社会的時差ボケが大きい1週間

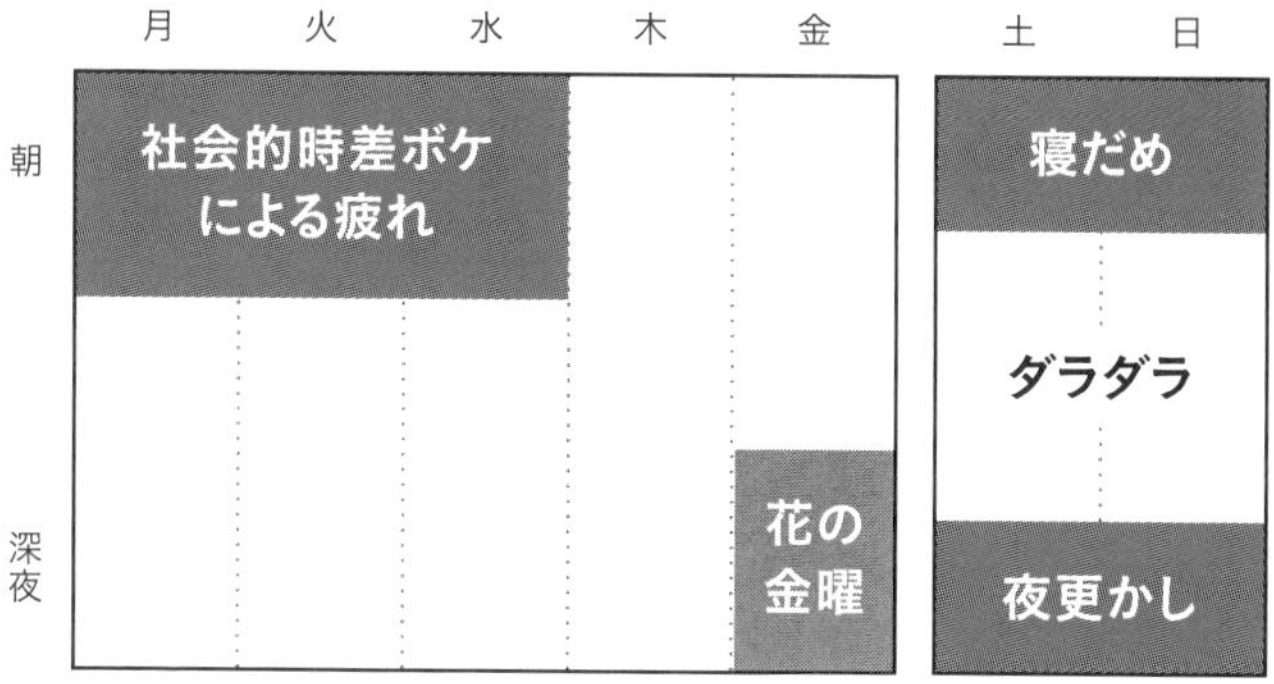

週末＝ウィークエンドという言葉があるように、普通に考えれば土日ですよね。例えば私は月〜金まで働き、土日は「バッファー」という名のもとに、平日にやり残したことをこなす羽目に陥っています。

そして、金曜日の夜は「花金（ハナキン）」として夜遅くまで飲んだり、あるいは家でダラダラしたりしているのではないでしょうか。

こういった生活を送っていると、何が起こるか。まず、土曜日の朝はぐっすりと「寝だめ」することになります。平日の睡眠不足もたまっているので、人によってはお昼頃まで寝ているのではないでしょうか。

また、起きてからもダラダラと本調子にな

らず、結果として夜更かしをします。すると日曜日も同じような悪循環に陥りますね。

その結果、おかしな現実に直面します。土日ゆっくり過ごしたはずなのに、月曜の朝から疲れを感じるし、たっぷり寝たはずなのに、眠気が取れない。

平日と休日で起きる時間が違うと、海外旅行をしていなくても、体はそれを「時差ボケ」として認識します。なぜなら、人間の生体リズムは、寝た時間ではなく、起きた時間によって規定されるからです。この現象を、ドイツの時間生物学者ティル・ローネベルグ博士は**「社会的時差ボケ」**と名付けました。

時差ボケは3日間くらい続いてしまうので、月〜水くらいまでダルさが続きます。ようやく木・金と復活してきたと思ったら、また土日でリズムを崩してしまう。

これはマジでやばい、とある時思ったんです。自分でも笑ってしまうくらい同じ悪循環を繰り返していることに気が付き、いよいよ対策に乗り出すことにしました。

クリアすべきハードルは明瞭すぎるほど明瞭です。社会的時差ボケを防ぐには、平日と休日で起きる時間を一定にすればいい。ただ、それが難しい。

ただ難しい問題を解くのが私の仕事です。かなり頭を悩ませましたが、ようやく最近、しっくりくるアイデアが浮かびました。そのお話をしたいと思います。

社会的時差ボケとは？

社会的制約（仕事、学校、家事など）がある平日の睡眠と、
制約のない休日の睡眠との差によって引き起こされる、
平日と休日の就寝・起床リズムのズレのこと。

現代人が「社会的時差ボケ」に陥る理由

まず私が疑問に思ったのは、そもそもなぜカレンダーは「月曜」からはじまっているのかということです。日曜始まりのカレンダーもありますが、多くの人は月曜始まりを使っていると思います。

これは知人から教えてもらった話なのですが、どうやら「月曜始まり」は、ソニー創業者の盛田昭夫さんに端を発するようです。

元々、明治になって日本に「1週

間」という概念が入ってきたときは、おそらくキリスト教の影響で「日曜始まり」でした。創世記によれば、世界は日曜に始まりましたからね。しかし、「みんな月曜から仕事をしているんだから、月曜始まりでいい」と言い出したのが盛田さん。それが一般に普及したから、月曜始まりのカレンダーのことを「盛田式カレンダー」とも呼ぶそうです。

そして今では多くの人が月曜始まりのカレンダーに従い、「ハナキン」を楽しみ、土日でリズムを崩しているというわけです。

そこで私は、社会的時差ボケの調査のために、色んな方のカレンダーを見せてもらいました。すると、例えば女性の場合、「土曜の朝はヨガ」など、繰り返しの予定を入れている人が多かった。

「毎週行ってるんですか？」と聞くと、「行きたいけど、行けていない」という答えがほとんどでした。それもそのはずで、前夜の金曜日に夜更かししていれば、土曜の朝は起きられたものではありません。でも、当人たちはヨガに行きたいのです。

では、どうすればヨガに行けるようになるか。さらにいえば、どうすれば社会的時差ボケをなくせるのか。

（土日休みの人が）よい1週間を過ごすために、私が考えたアイデアは、「土曜始まりのカレンダーを作る」ということです。

Q どうすれば社会的時差ボケをなくせるか
A 1週間の始まりを土曜の朝にする

ポイントは3つあるので、一つずつお話しします。

睡眠にも仕事にも効く「土曜スタート」

まず最初の、そして最大のポイントは、社会的時差ボケをなくすために、**土曜の朝も平日と同じくらいの時間に起きること**です。もっというと、「土曜の朝から1週間がはじまるんだ！」という強い決意の下、スケジュールを土曜始まりに変えてしまうんです。

土曜始まりにすることの効用は、他にもあります。月曜始まりのカレンダーの場合、

「仕事」や「学校」をメインに据えたものなので、週の最初に入れるのは「やらなければいけないこと」です。一方、土曜始まりならば「自分のやりたいこと」から埋められます。

心理学では**「ポジティブスケジューリング」**と言われますが、「やるべきこと」と「やりたいこと」があったときに、まずはやりたいことから埋めていく。それを可能にし、人生の満足度まで上げてくれるのが土曜スタートの考え方なのです。

土曜始まりの紙のカレンダーはありませんから、私は自作しています。Googleカレンダーのようなデジタルのものであれば、すぐに設定から変更できます

土曜始まりで1週間を考えるメリットは、「今まで土日の自分はダラけすぎていたな」と気づけること。私もGoogleカレンダーを土曜始まりに変えてみたら、「なんてスカスカのダラダラした土日を過ごしているんだ!!!」と猛省しました。

これが月曜始まりだと、平日は真面目な予定で埋まっているから、「私はちゃんと生きている」と勘違いします。土日が少々ダラダラしたものであっても、平日のがんばりに目をそらされて、ダラダラに気が付きにくいのです。

ただ、そうはいっても、ついつい土曜の朝は寝だめをしてしまいます。では、どう

土曜始まりで全体最適の1週間

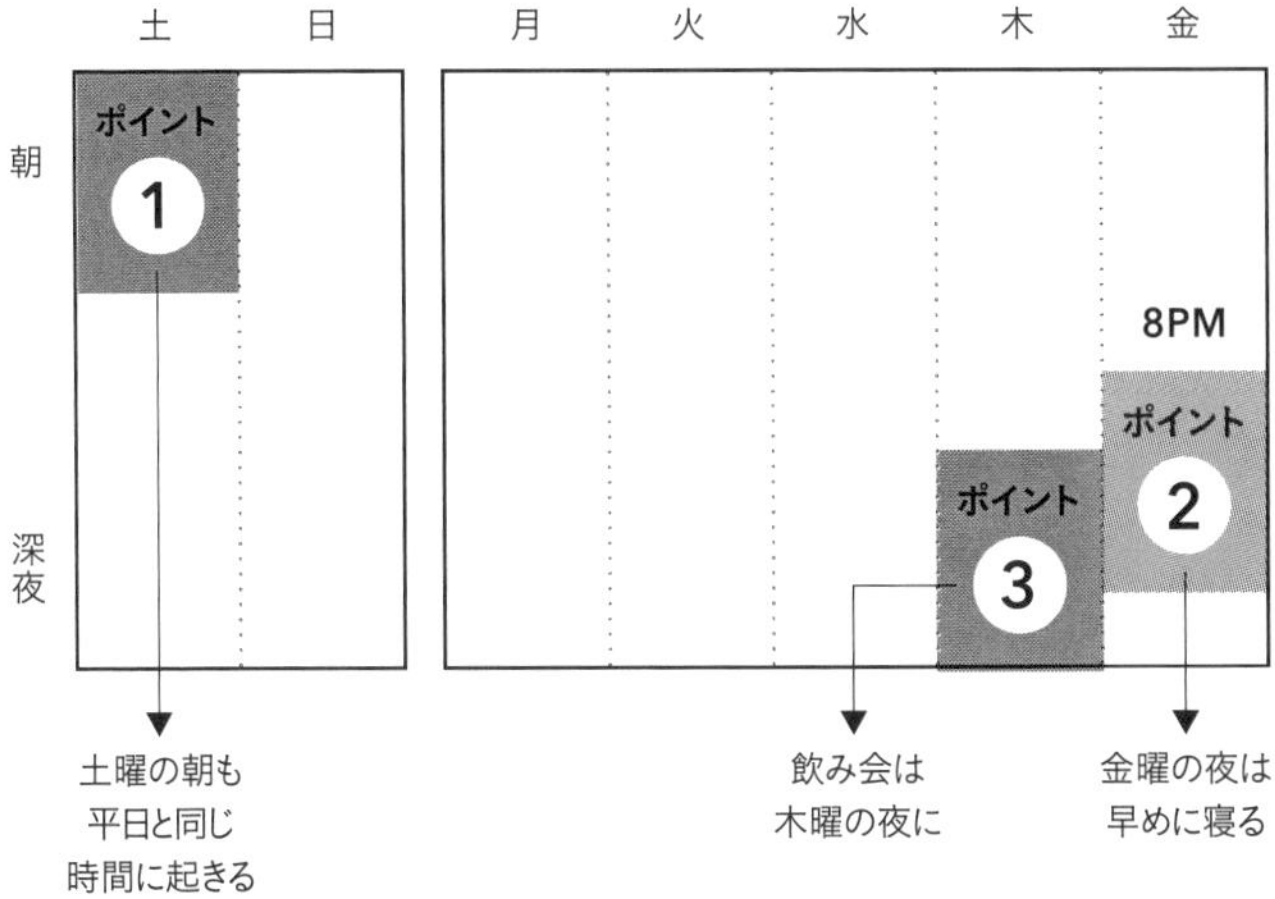

すれば土曜の朝に起きられるのか？

ポイントの2つ目が、**「金曜日の夜8時以降はスケジュールを黒く塗りつぶす」**です。金曜夜を「部分最適」にしようと思うならば、遅くまで飲んで食べてしまうことになる。でも、それは1週間という「全体最適」で考えると、最悪ということです。

理想を言えば、夜8時までに食事などは終えておき、それ以降はあまり飲み食いをしない。これこそ、土曜日の朝に起きるための秘策です。そもそも「起きる」とは何か。目が覚めたら「起きた」と勘違いしている人がいますが、人間の生体リズムには「光で入るスイッチ」「飲食で入るスイッチ」という2つのスイッチがあります。

つまり、目が覚めるだけでなく、光を浴びて、飲食もしなければ、体は「起きた」と言えないのです。

もし金曜日の夜遅くまで飲み食いしていたら、土曜日の朝は何も口に入れたくないですよね。土曜日の朝起きるためには、「おなかが空いて目が覚める」必要があるわけです。そのためには、金曜日の夜は、8時までに飲み食いを終わらせておく。

これは別に、金曜日の夜に飲み会をするのを禁止しているわけではありません。もしするのであれば、夕方の5時とか6時とか、早めの時間からスタートしてほしいのです。これが本当の「プレミアムフライデー」だと思います。

ただ、月から金まで頑張っていれば、精神的には興奮した状態なので、金曜はなかなか眠れないかもしれません。そこで私がおすすめするポイントの3つ目は、**「花《ハナ》木《モク》」**という発想です。

木曜の夜に遅くまで飲めば、金曜日は自動的に朝から眠い。だから夜は勝手に眠れる。とはいえこれは、最終手段ですが。

これが、社会的時差ボケに陥らず、よい1週間を過ごすための「土曜始まりのカレンダー」というアイデアです。さらにいえば、金曜の夜に1週間の「To Feelの振り返り」を行うのもいいでしょう。この1週間で自分はどんなことを感じたかを振り返ることで、自分が過ごした1週間の「評価」を高める。反省点を見つけて改善するだとか、来週の予定を立てようとする必要はありません。振り返るだけでいい。

そして土曜の朝、いつもどおりの時間に起きて、「ウィークスタート」となるそのタイミングで、1週間をどのように過ごそうかじっくり計画してみる。

いずれにせよ、1週間を過ごす上で重心となるのが、この土曜始まりカレンダーにおける1週間の終わり、つまり**「金曜日の夜8時以降」**です。ここが崩れてしまうと、その後の1週間がボロボロになってしまうというお話でした。

10年先の目標がポエムになる理由

ここまで1日、そして1週間というスケールにおいて、重心がどこにあるのか見てきました。次に見ていくのは、いきなり飛んでいるようですが、**3年〜10年**です。なぜ、このような幅をもった時間を想定しているかというと、次のようなジレンマに私自身が遭遇したからです。

「現実から積み上げていっても、明るい10年後が見えない」

具体的にお話しさせてください。人は誰しも、すこし先の未来、例えば「10年後の自分」について想像することがあると思います。それをぼんやりイメージした場合、今よりずっと成功している「夢」の姿になるわけですが、悪い意味でのポエムにしかならないことが多い。10年というスケールは個人的にも社会的にも不確定要素が多すぎて、そのために今から何をしていけばよいのか、逆算するイメージができません。

不透明な10年後の目標と今の延長線上の未来

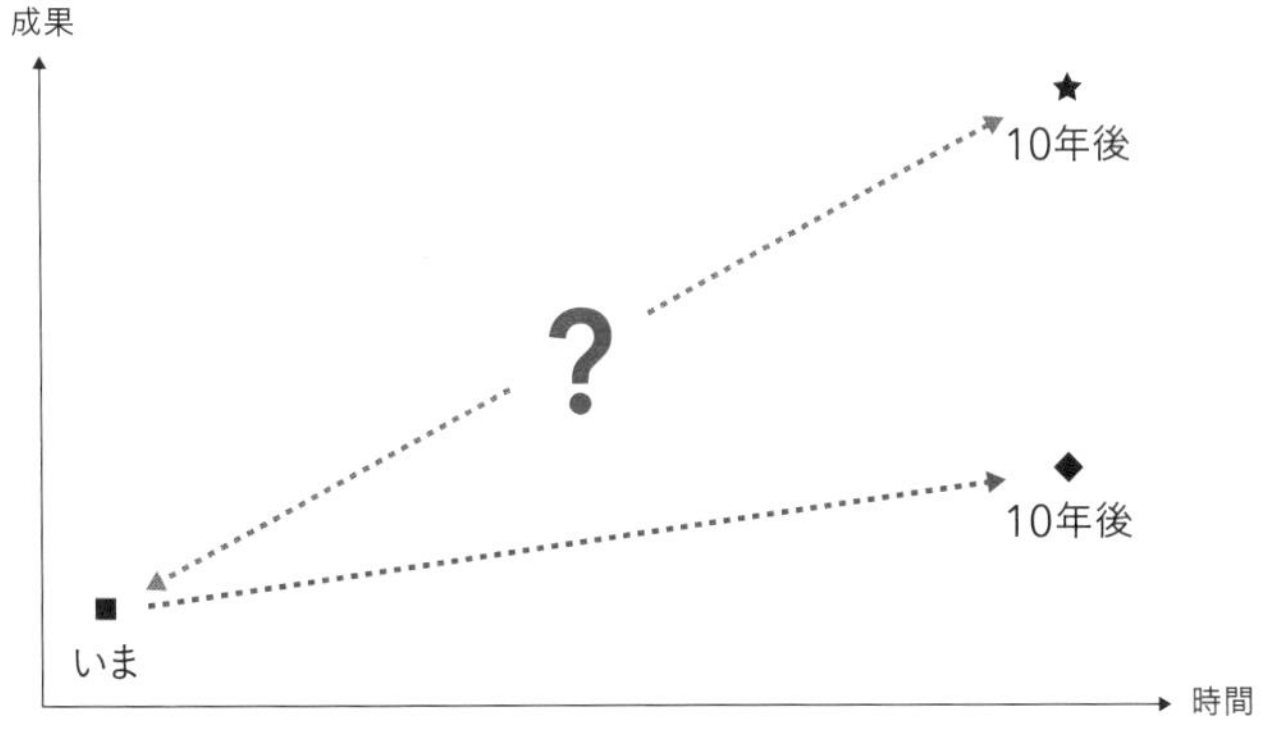

もちろん「10年後の自分」を想像すること自体は大事なんですが、それはあくまでも北極星のようなものです。逆算するものではなくて、見上げるもの。「前方に北極星が見えるから、北には進んでいるな」というぐらいの目印です。

一方で、現実から出発して1年後の自分や会社がどうなっていくか想像を重ねていっても、どうしたって低空飛行になるというか、たかが知れた10年後にしか到達しません。

では、普通の人とすごい人では、何が違うのか？　幸いなことに私はさまざまな仕事を通じて、国内外のすごい人たちと接する機会があります。それを利用して、彼ら／彼女らの思考パターンを分析した結果、次のことに気が付きました。

Q すごい人はどう計画を立てているか？

A すごい人は、3年プランの立て方がうまい

例えば、2014年4月に資生堂の社長に就任した魚谷雅彦さん。就任早々、2015年度からの「3カ年計画」を発表して、ハイレベルな目標を見事に達成しました。2018年度から「新3カ年計画」をスタートさせており、そのプランニングの確かさに注目が集まっています。

すごい人は3段階で計画を立てている

では、すごい人はどのように3年プランを計画しているのでしょう？ 私たちが参考にできるようなポイントを一言で言うと、次のようになります。

3段階でプランニングするレバレッジ型の目標

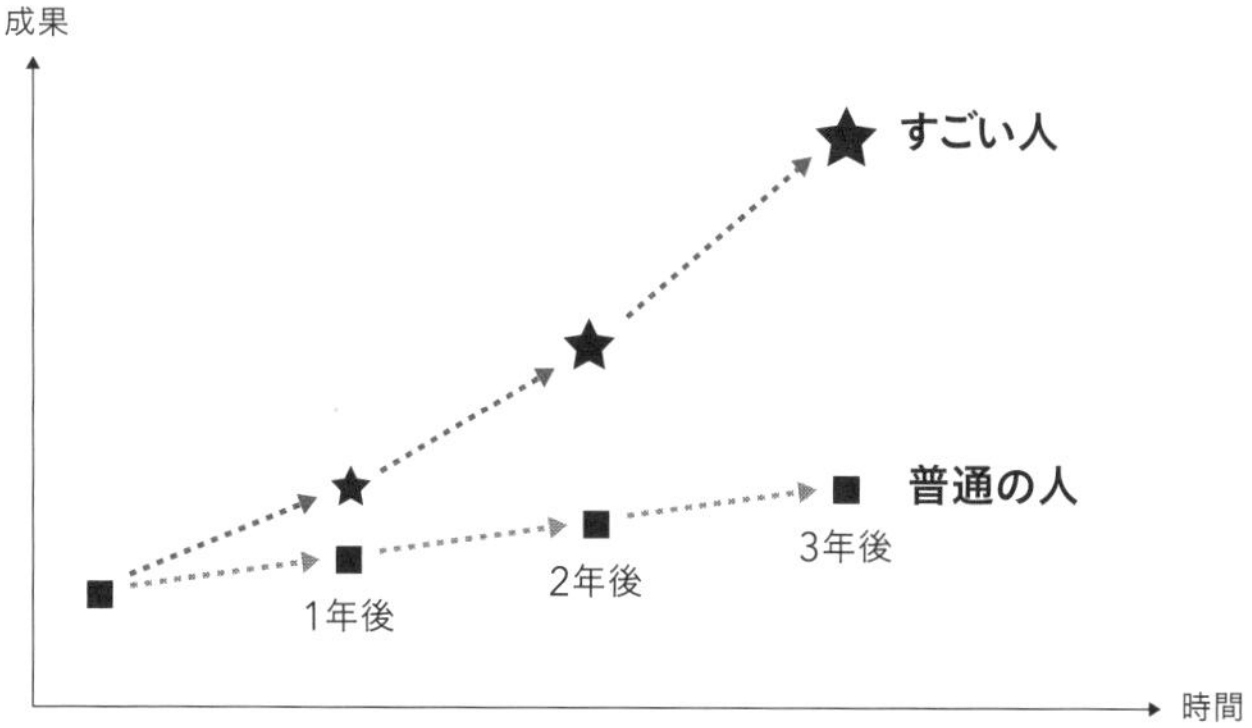

「普通の人もすごい人も、1年後のプランは大して変わらない。でもすごい人は、2年後、3年後のプランニングがうまい」

すなわち、すごい人の3年プランは、「積み上げ型」というより、非連続成長をする「レバレッジ型」だということです。1年目の投資の時期はまだ結果は出ない。2年目にやっと結果が出始める。3年目にその結果が次々と拡大していく。

では、すごい人はどのようにして3年プランを立てるのか。通底するキーワードを整理すると、次のようになりました。

1年目：準備する（種を蒔く）
2年目：始める（芽が出る）
3年目：広げる（花が咲く）

もう少し仕事に置き換えるとこのようになります。

1年目：Build期（組成する）
2年目：Model期（定型をつくる）
3年目：Scale期（拡大する）

つまり1年目は、何をするかを計画するよりも、誰とするかを計画する「Team Build」の時期です。2年目は、スケール可能な「Model」を作る時期。そして3年目にいよいよ「Scale」していく。これは言い換えると次のようになります。

1年目の重心：Who（誰とするか？）

2年目の重心：What（何をするか？）
3年目の重心：How（どのようにするか？）

こういわれると、「そんなの当たり前じゃん！」と思われる方がいます。きっとうまく3年プランが立てられている方なのでしょう。しかし私はこのような単純なことにすら考えが至らず、なんとなく1年単位で物事を計画しては「今年も大したことを成せなかった」という反省を繰り返していました。

ところが、ここまで述べてきたような戦略に基づき3年プランを行うと、その難しさを痛感するとともに、「何でこんなに大事なことを誰も教えてくれなかったのか！」とその威力に驚いてもいます。きっと私のように「3年プランの戦略」を持っていない方もいるだろう。そう思って、こうしてご紹介している次第です。

ちなみに便宜上「3年プラン」としましたが、もっと年数をかけて考えてみてもいいですし、時間がない、もしくは仕事の粒度が小さいという人は「12ヶ月を三分割」というイメージでもいいかもしれません。4ヶ月目でここ、8ヶ月目でここ、12ヶ月目でここ……と順に段階を考えていけば、薄ぼんやりしていて見えないと思っていた未来が、クリアに見えてきます。

さて、もっと話を進めましょう。すごい人の上には、「もっとすごい人」がいます。おそらく人類の中でも一握りしかいないであろう「もっとすごい人」は、次のような離れ業をやってのけます。**「3段階のプランニング」**これが意味するのは、次の通りです。

「3年後のプランニングができれば、その先の3年、さらにその先の3年もプランニングできる」

これが3段階のプランニングという意味です。

この3段階のプランニングができるようになれば、「10年後」の未来にかなり近づけます。

この思考法は、パナソニックの伝説のエンジニアとして知られる、大嶋光昭さんから学びました。日本が世界に誇るシリアル・イノベーターである大嶋さんは、例えば私たちのカメラに入っている「手振れ補正機能」などの発明者です。

10年後を思い描くすごい人のプランニング

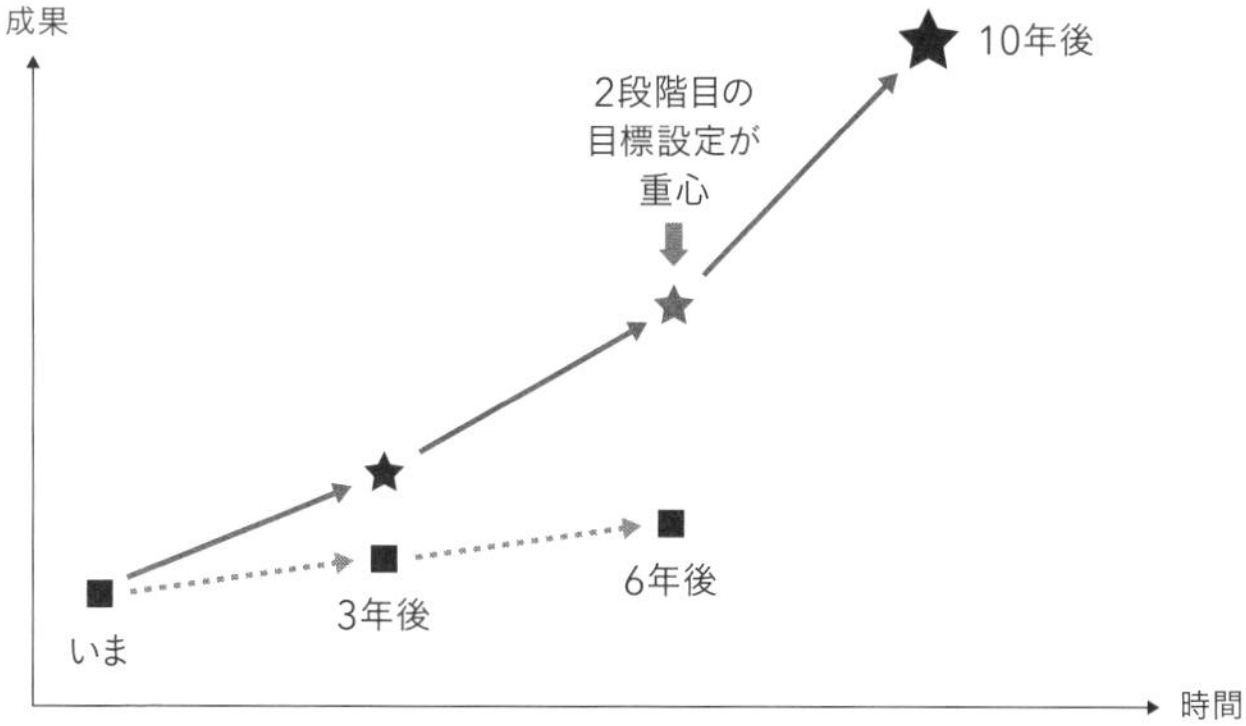

大嶋さんにお会いした時、最初の3年から次の3年、さらに3年の「9年プラン」で北極星まで行けるというお話を伺いましたが、さすが天才の所業だと思います。そして図を見てもらえれば明らかなように、この1年〜10年というスケールにおける重心は、**「2段階目の目標をどう設定するか」**です。

なぜかというと、理由は2つあります。一つ目の理由は、2段階目の目標が明確だからこそ、10年後の未来に届きそうだという確信が得られることです。もう一つの理由は、2段階目の目標があるから、じゃあ3年後の目標は何にしたらいいのかという逆算が可能になるからです。
こうして「いま」と「途方もない10年後」が一本の線でつながるのです。

イーロン・マスクのすごいプランニング

私の知る限り、この「2段階目の目標設定」をバツグンにうまく設定するのがイーロン・マスクです（宇宙ロケットのスペースXや電気自動車のテスラの開発を手がける、アメリカ人実業家）。ここで彼の思考法を覗いてみることにしましょう。

まず彼の強い想いは、次の通りです。

「人類がよりよい未来を迎える確率を上げたい」

ここが、あらゆる事業を貫いて設定されている、彼の揺らがぬ想いです。そしてこの想いが叶う「ゴール」を設定し、スタートを切るわけです。

具体的には、最初に取り組むのが、**「事業のイノベーション」**。つまり持続可能な事業を作ることです。その目的は、キャッシュを生むことです。

キャッシュは何に使われるのかというと、**「企業のイノベーション」**です。そイーロンマスクはどうプランニングするか？

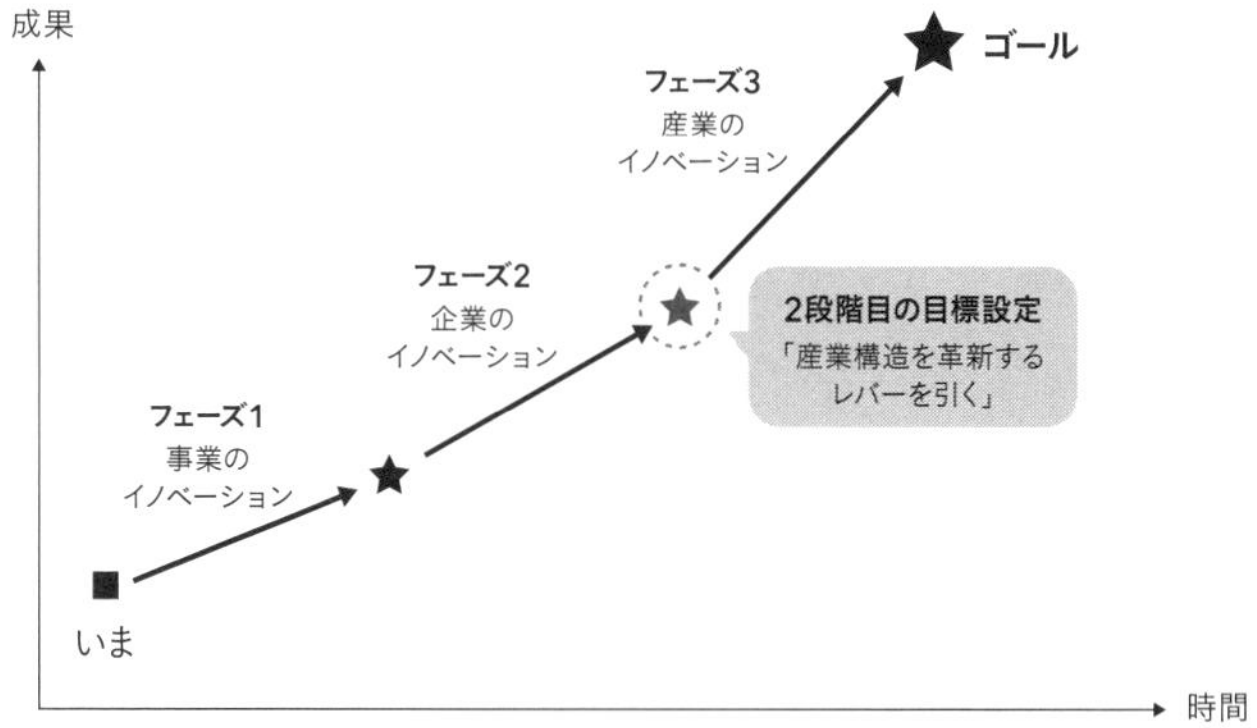

して、イーロン・マスクのさらにおもしろいところは、イノベーションの向かう先が、「新たな持続可能な事業」ではないところです。

彼にとってイノベーションが向かう先は、**「産業構造を変えるレバーを引くこと」**なんです。

Q 人類がよりよい未来を迎える確率を上げるには？

A 産業構造を変えるレバーを引くこと

このレバーが引かれると、**「産業のイノベーション」**が起こります。

つまり彼はスタートとゴールの間を埋めるために、「事業と企業と産業」というまったくレベル感の違うものを同時に視野に入れて考えている。そして、企業のイノベーションと産業のイノベーションという、2段階のジャンプでゴールに到達しようとしているのです。

具体的にイーロン・マスクが何をしてきたのかを当てはめていくと、ぐっとわかりやすくなります。彼が2002年に設立した宇宙ベンチャー企業「スペースX」をサンプルにしましょう。ゴールは**「人類を火星に移住させること」**です。このまま地球にいると資源不足や環境問題などが悪化して危険だから、火星という選択肢を持つことで「人類がよりよい未来を迎える確率を上げる」。

ゴールは火星であり、スタートは地球です。ではここから、イーロン・マスクはどのようにプランニングするのでしょう?

さきほどの図を念頭に置いて、項目を一つずつ順番に埋めていきましょう。

まず「持続可能な事業」は何かというと、ロケットで宇宙に物を運ぶ、宇宙輸送(商業軌道輸送サービス)です。スペースXという企業は各国の政府から依頼を受けて、おもに人工衛星を宇宙に運んでいます。この事業がうまくいきキャッシュができ

スペースXのプランニング

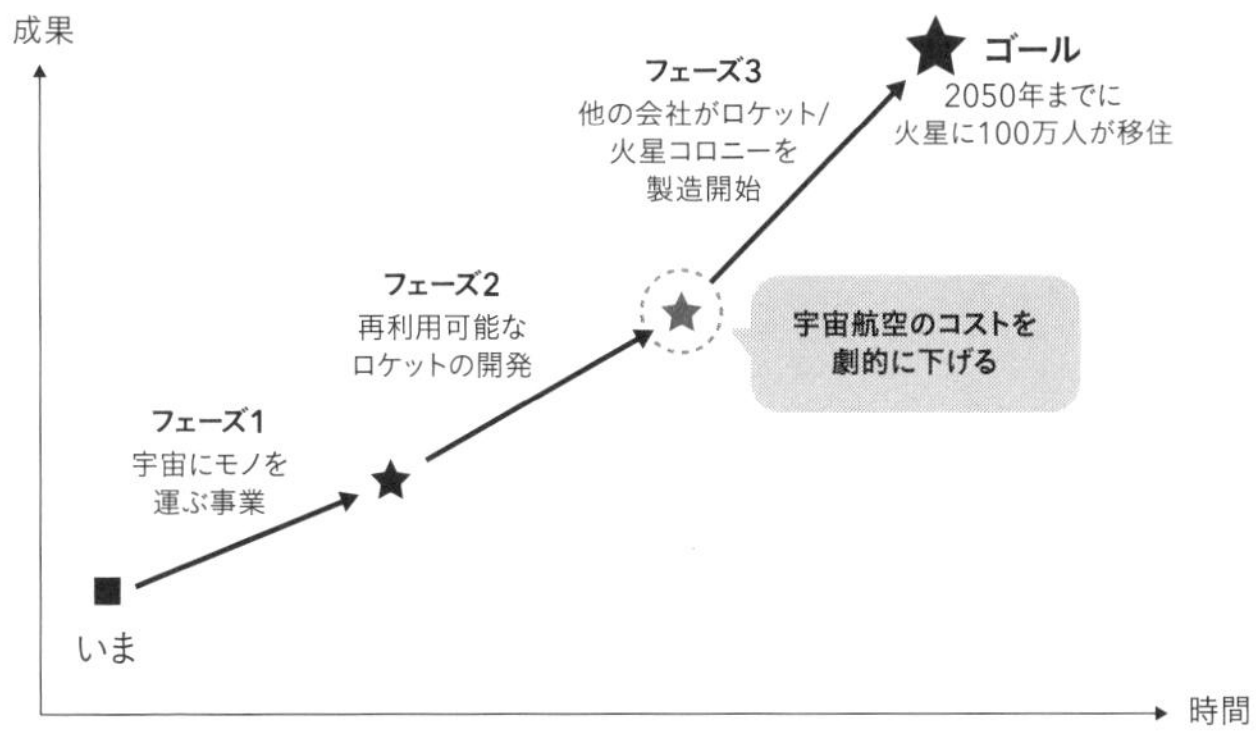

たところで、スペースXはイノベーションに乗り出しました。再利用可能なロケットの開発です。

これまでのロケットは一回使ったら終わりの使い捨てで、一機作るためにはゼロからコストがかかっていました。しかし、再利用可能なロケットというイノベーションを起こすことで、宇宙航空のコストが劇的に下がる。宇宙航空のコストが劇的に下がると、参入障壁が下がり他の企業も乗り込んできます。そうすることで宇宙産業全体が盛り上がり、つまりは「産業構造を変えるレバーを引くこと」になる。他の会社がロケットを製造したり、火星用のコロニーを作ってくれたりするようになります。その結果、他企業とも一致団結して「人類を火星に移住させること」というゴールへと近づく。

この図で一番大事なポイントは、**「宇宙航空のコストを下げること」＝「産業構造を変えるレバーを引く」**です。このKPIの設定が、電気自動車のテスラであれブレイン・マシン・インタフェースのNeuralinkであれ、イーロン・マスクは抜群にうまいと感じます。

本書では、イーロン・マスクを例に出しましたが、Amazonのジェフ・ベゾスも、Microsoftのビル・ゲイツも、後に述べますが、理化学研究所を立ち上げた渋沢栄一も、「産業構造の変化のレバー」を引くことで、大きなスケールで目標を追い掛けています。ぜひこの視座をもって、時代を眺めてみて下さい。

ここまでの話を整理しましょう。3年〜10年という時間軸においては、**準備する、始める、広げるの「3段階のプランニング」**が大事でした。3年計画を立てたら、さらにそれを3段階にわけて、10年の計画を立てることも可能なわけです。

3段階のプランニングにおける重心は、**「2段階目の目標設定」**にありました。

そしてイーロン・マスクを例に、「産業構造を変えるレバーを引く」とはどういうことかを見てきました。

せっかく本書を手に取ったのですから、ぜひこの「2段階目の目標設定」という重心に、一度トライしてみてください。それがいつ頃の話で、具体的になんなのかさえ明らかになれば、たちまち現実へのバックキャストもしやすくなるでしょうし、夢想のように思えた10年後にも、「今」という時間はつながっていくのだと確信が持ちやすくなると思います。

第3章

創造性の重心は「大局観」にある

知的生産には広く、深い情報が必要である

前章は「ハードワーク期」における重心の話をしました。本章では「ブランディング期」を扱います。ちなみに本章はガラッと雰囲気が変わり、すこし抽象的な話をしていきます。

先に結論だけ述べておきましょう。

ブランディング期の要となるキーワードは、**「創造性」**です。

ハードワーク期の仕事は、すごい人から流れてくるものでした。しかしブランディング期は、自ら仕事を創り出すものです。そこで創造性を発揮できなければ、埋もれていくだけです。

Q「創造性」とは何でしょうか？

逆から考えたほうがわかりやすいかもしれません。創造性がなくても大丈夫な仕事

工業生産と知的生産の比較

	作業特性	作業工程		
		インプット	プロセス	アウトプット
工業生産	仕事が定型	材料	決まった工程	車などの製造物
知的生産	仕事が非定型	情報	思考	付加価値のある知識

とは、「こなす仕事」です。

仕事の流れを「インプット」→「プロセス」→「アウトプット」とすると、こなす仕事はいわゆるルーティンワーク、定型的にこなすことができます。いろいろな手続きがあり、技術も必要だと思いますが、基本的に一度できるようになれば、再現が可能な仕事です。

一方で、創造性を発揮する仕事には定型がありません。それは「工業生産」と「知的生産」の違いだと言い換えることができるかもしれない。

「工業生産」におけるインプットは材料であり、工程が事細かに決まったプロセスに乗せれば、商品が生まれます。一方、**「知的生産」におけるインプットは、情報です。**その情報について思考するというプロセスを通して、付加価値のある知識をアウトプットしていく。

「知的生産」はインプットにいくら時間をかけても、思考するクオリティが低ければ価値にはつながらなかったりします。また、思考するクオリティが高くても、そもそもの情報で負けていることがあります。

そこで、まずは「よい情報」を手に入れることが大事です。「よい情報」とは何か？「広く、かつ深い情報」だとここでは定義します。

深い情報を手に入れようとするなら自分の興味や関心を突き詰めていけばよい。しかし、広い情報を得ようとすると、自分がまったく興味のないところにまで手を広げなければいけない。

では、広い情報を得るために必要なことは何か？　それは「視点の高さ」です。すこし、抽象的な議論が続いたので、ここまでの流れをいったん問答にまとめます。

Q 創造性とは何か？
A 工業生産ではなく、知的生産に必要なもの

Q 知的生産とは何か？

》A 情報をインプットにして、非定型なプロセスでアウトプットする仕事

Q 知的生産の質を左右するよい情報は何か？

》A 広く、かつ深い情報

Q 広い情報を得るために必要なことは何か？

》A 視点の高さ

では、さらに問います。

Q 視点の高さとは何か？

こう考えるとわかりやすいかもしれません。新人の頃は与えられた「作業」に従事

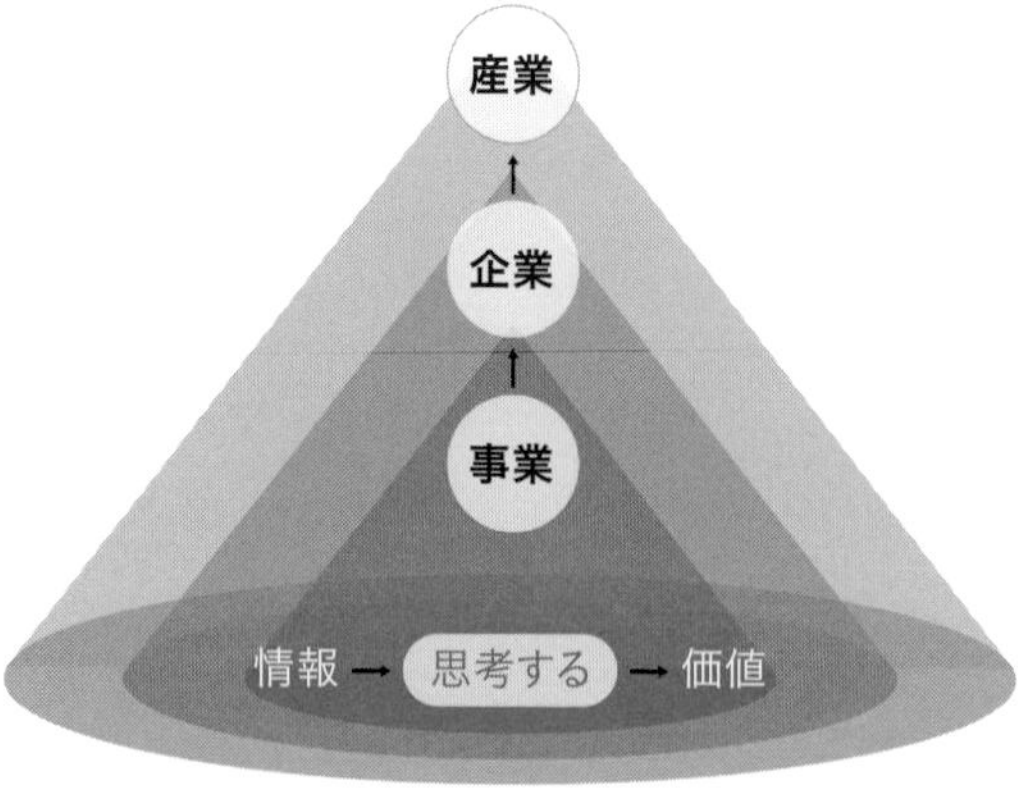

します。しかしマネージャーになると「事業」を見なければならないし、経営者になると「企業」や「産業」という視点から物事を見る必要があります。このようにして視点が上がれば、当然視野は広がり、得られる情報が広くなっていきます。

とくに「産業」の視点から物事を見る人は、自然と「産業の構造」にも関心を持つようになる。「他の産業はどうなっているのかな?」と気になり出して、それまで自分の「事業」には関係ないと思っていた情報が、関係のあるものとしてどんどん入ってくるようになります。

どれか一つだけではあまり意味がありません。**「事業・企業・産業」**を等分に視野に入れてこそ「広く、かつ深い情報」が得られます。その先に、創造性を発揮するチャンスが開けてくる。

今は、デジタルトランスフォーメーション、いわゆるＤＸによって、産業構造が劇的に変化しています。もう先端分野ではすでに訪れている「ＡＩ時代」が到来すれば、知的生産の重要性が増すことは目に見えています。

ハードワーク期を終え、ブランディング期を迎えたビジネスパーソンにとって必要になってくるのは、こうした「視点の高さ」であることは間違いありません。

すべては「コンセプト」から始まる

もともと私が社会人になったのは28歳でした。日本社会ではだいぶ遅いスタートと言えるでしょう。そんな私が「創造性」を鍛えるために行ったのは、「この人はすごい！」と心から思えるイノベーターにお会いし教えを請うことです。直接お話を聞くだけでなく、実際にイノベーターの方々が企業や政府と仕事をする様も間近で観察させてもらいました。

中でも最大の衝撃は、私が師と仰ぐビジネスデザイナーの濱口秀司さんです。USBメモリやマイナスイオン・ドライヤーをはじめとする無数のアイデアを発案・実現させてきた、日本が誇る世界的なシリアル・イノベーターです。

どのぐらい衝撃が大きかったかというと、私が考える知の三巨人は、デカルト・ベーコン・濱口秀司であると言って憚《はばか》らないぐらいです。

デカルトの演繹法、ベーコンの帰納法に次ぐ、「バイアスブレイク」という思考法を編み出したのが濱口さんです。それぐらい濱口さんは革新的です。「バイアスブレイク」については、ぜひ濱口さんの論文集『SHIFT：イノベーションの作法』（ダイヤモンド社）をあたっていただくとして、そんな濱口さんの創造性にまつわる思考の一端をご紹介します。

濱口さんはこう言います。どんな会社でも、まずコンセプト（Concept）を作り、次にそれを実現させるための戦略（Strategy）を策定し、その中から意思決定（Decision）して、実行（Execution）に移すというプロセスで物事は進んでいく。

もう少し嚙み砕いて言うと、まずは個々のビジネスの根幹となるコンセプトを発想し、それを実行するために考え得るいくつかの戦略的プランから、意思決定で一つを

事業プロセスごとの自由度と資源配分

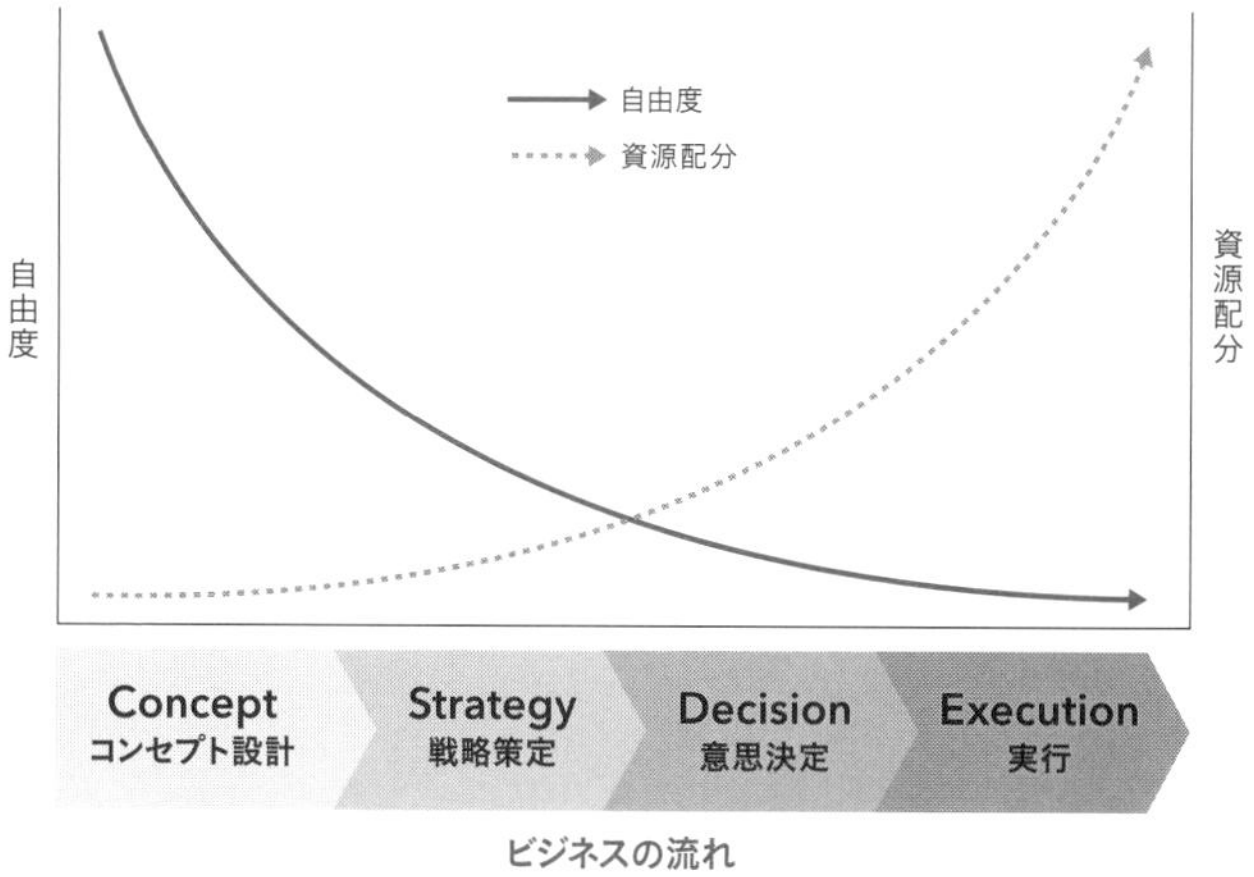

選んで、具体的で実務的な作業へと移る。

濱口さんはこの「C↓S↓D↓E」のサイクルをヨコ軸に置き、タテ軸に「自由度」と「資源配分」を置いて上の図を説明してくれました。

当たり前ですが、コンセプトってなんでもアリで、無限に近い自由度がある。その一方、実行のフェーズでは自由度が限りなく低くなる。実務的な作業を行うときに、自由度があったら困ってしまいますからね。例えば会計処理の仕方に、人によって方法論が無数にあったら相当困ったことになります。

そうです。自由度が高い仕事は、創造性が確実に必要です。そして、自由度が下がれば、創造性がなくてもこなせる仕事になっていきます。

もう一つの軸である「資源配分」は、C→S→D→Eの各ステップにおいて会社がどれくらい人やお金を割くかを表しています。実行フェーズでは、自由度の少なさに反比例するように、多くの資源が投下されます。やるべきことがはっきりしていますから、人海戦術が可能になります。逆にコンセプトのフェーズで時間や人やお金を使いすぎると、実行にリソースが割けなくなり会社全体として結果が出にくくなってしまう。

つまり、すべてはコンセプトから始まるのです。そして、コンセプトを作るには高い創造性が求められます。

ビジネスのコンセプトはどう作ればいいのか

なんだか話が難しくなってきたし、自分には関係のない話だなぁと思われた人もいるかもしれません。おそらくそれは、次の問いにぶつかっているからでしょう。

Q コンセプトとは何か？

「コンセプトとは何か、定義してください」

そう言われても、わからないという人がほとんどだと思います。わからなくて当然です。家や学校で習ったことがないからです。そもそも**日本は、江戸時代まで「コンセプトという概念」がなかった**んです。

日本はいったいどういう国なのか、もっとも深く考えた歴史上の偉人は、江戸時代の国学者である本居宣長です。余談ですが、宣長が『源氏物語』を研究するなかから取り出した「もののあはれ」は、日本的Well-Beingを考えるうえで非常にキーとなっています。

私は宣長の大ファンなので、三重県松阪市にある本居宣長記念館へも足を運んでいるのですが、展示された手紙を読んでいたら、宣長が妙にややこしいことを書いていて戸惑いました。

そこで館長の吉田悦之さんに「宣長はなんでこんなにややこしいことを言っているのですか?」と伺ったら、「こっちとこっちは概念が違うんだということを宣長は言おうとしている。だけど、当時は概念という言葉がなかったから、こんなややこしい言い方をしているんです」とおっしゃいました。

つまり日本人は「『概念』という概念」を使って、抽象的に物事を考えることを長らくしてこなかった。考えてみれば確かに日本って、実践を通して何かを学べ、具体を通して何かを掴め、という文化です。だから世の中にあるビジネス本のほとんどは、具体的なノウハウ本ばっかりなのかもしれません。だとしたらなおさら、コンセプトにまつわる思考法を身につけられたら、ラッキーだと思います。

では、ビジネスにおけるコンセプトとは実際のところ、なんなのか。私も学校では教えてもらえませんでしたが、ある本に教えてもらいました。全世界で1億台を売り上げた任天堂Wiiを作った伝説のプランナー、玉樹真一郎さんの著書『コンセプトのつくりかた』(ダイヤモンド社)です。

私なりの理解を交えてお話しします。ビジネスにはまずスタート地点があり、ゴールあるいは目標地点があります。例えば、年商100億から1000億円を目指す。業界シェアを10%から30%まで持っていく。要は、「A地点からB地点に行きたい」。それが「結果を出す」ということです。

ところが、A地点からB地点へ行くときに、いろいろな障害があるわけです。1個1個障害をクリアしていくやり方もありますが、それには膨大な時間がかかる。ここで、コンセプトが出てきます。

≫A コンセプトとは「A→Bに行く際の障害を一気に乗り越えるもの」

さきほどの濱口さんが企業へのコンサルティングの際に求められるのも、ビジネスの新しいコンセプトです。より正確に言えば、「本業と新規事業を何とかするコンセプト」をどの企業も求めている。それは、「いくつもの障害を一気に乗り越える」ものであらねばなりません。

Q では、コンセプトはどのように作ればいいのか?

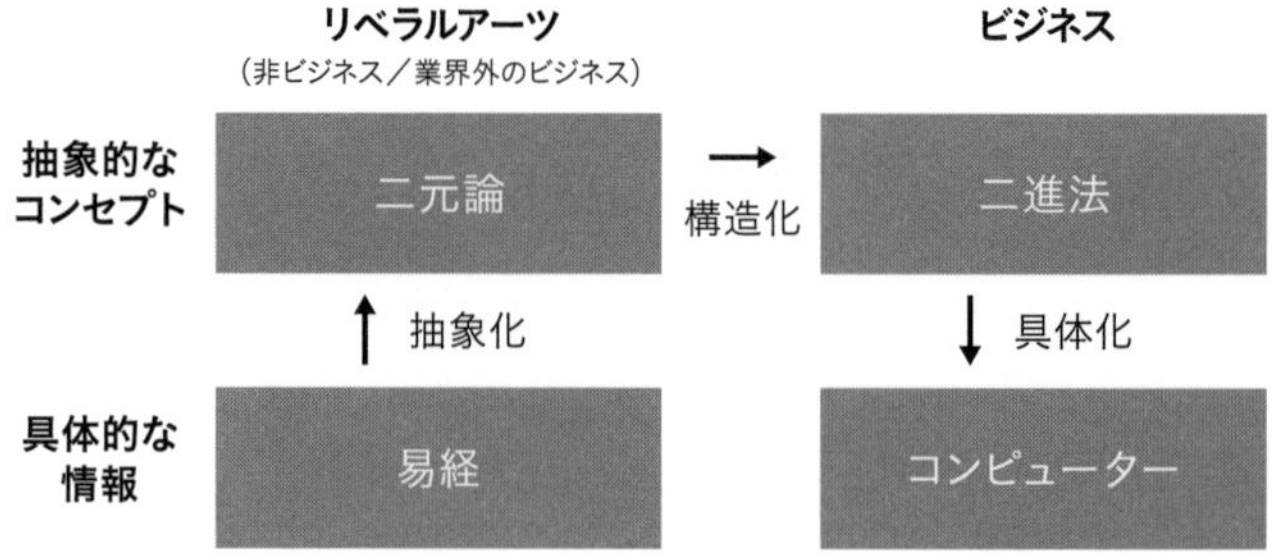

　多くのヒントをくれたのが、独立研究者の山口周さんです。山口さんはリベラルアーツの中から、ビジネスに持って来られるコンセプトはないかと日々試行錯誤されています。例えば古代ギリシャの物語を読み、エッセンスを取り出すことで、ビジネスへと適用化しています。私は山口さんからその方法論について、上の図のように図式化して教えてもらいました。

　当たり前の話ですが、業界が違うと具体的なところで話があいません。「へー、あなたの業界ではそうなんですか」と他人事にしかならないからです。しかし、抽象度を高めてコンセプトレベルでみれば、業界が違えど参考にすることができます。

　例えば中国には、易経という占いの書、それに基づく文化があります。その易経を研究したのが、ヨーロッパのライプニッツという数学者です。易経は陰陽のマークが有名ですが、ライプニッツは易経って要は二元論だよねと「抽象化」しました。その二元論を、易経の文化や文脈から引き剝がし「構造化」し、汎用度の高い二進法を構築したんです。さらにおよそ300年後の人類は、ライプニッツの二進法を「具体化」して適用することで、コンピューターを発明しました。

このように**具体と抽象を往復しながら思考すれば**、どんなに離れた業界の話であっても、他人事ではなく自分事として活かすことができそうです。実際、昔から本当にすごい人は、まったく違う業界の知見を持ってくることで、とんでもないイノベーションを起こしています。

具体と抽象を行き来する能力とは

山口さんの図に従い、コンセプトを作る力を一言でいうと、次のようになります。

Q コンセプトを作る力とは？

≫A 「具体の世界」と「抽象の世界」を行ったり来たりできる能力

逆に言えば、「具体と抽象の往復」ができなければ、ブランディング期において自分の器を広げることは難しいです。なぜなら他業界の人とどれだけ出会っても、「へー、あなたの業界ではそうなんですね」という以上の学びがないからです。逆もしかりで、自分の業界の知見をベースにしながらも、相手の業界に対して示唆を与えるようなコンセプトや具体的なアイデアを提案できず、大した印象を与えられないからです。

……とここまで考えた時、ふと次のような問いが浮かびました。

Q 具体と抽象を行き来するとは何か？

この問いを考えるためには、大前提として次の問いに向き合う必要があります。

Q そもそも、人間の思考とは何か？

だんだん話の抽象度があがってきましたが、改めて流れを整理すると、本章ではブランディング期の時間戦略について考えています。

ブランディング期の鍵を握る「知的生産」は、情報↓思考↓価値というプロセスでした。特に価値の高いのは、上流のコンセプトや企画、戦略をつくることでした。そして、どうやらそのポイントは「具体と抽象を行き来すること」にある。

以上の前提を踏まえて、次に見ていくのは「人間の思考」です。

直観・論理・大局観を切り替えよ

Q 人間の思考とは何でしょうか？

この問いはあまりに多くの切り口がありすぎて、それだけで1冊の本になってしまいます。本書はあくまで「時間戦略」がポイントです。だとすると、いかなる問いから始めるのがいいのでしょう?

かなりいろいろ考えました。本来はその試行錯誤のプロセスもお伝えしたほうがみなさんの納得度も高いと思いますが、紙面も限られているので結論だけお伝えします。人間の思考を理解し、ブランディング期の時間戦略に落とし込むためには、次の問いからはじめるとよさそうです。

Q 人間の脳内活動はどうなっているのか?

よく脳については「ON/OFF」と言われますが、私たちの脳に「ON/OFF」はありません。脳は常にどこかの部位がONになっていて、OFFになるのは死んだときです。そして、ON=活性化している脳内ネットワークには、3つの代表的なパターンがあります。

DMN(デフォルトモードネットワーク)

SN（セイリエンスネットワーク）
CEN（セントラルエグゼクティブネットワーク）

これら3つの脳内ネットワークは役割がそれぞれ違っていて、例えばアイデアが生まれるときに活性化するのはDMNです。

仮にこのDMNが100個のアイデアを「出す」とすると、それを3つぐらいに「絞る」のがSNです。そして、絞られたアイデアを精査して1つに「決める」のがCENになります。

こうしたアイデアを**「出す」「絞る」「決める」**という機能を一般的な思考法に当てはめると、**「直観（DMN）」「大局観（SN）」「論理（CEN）」**になります。ものすごく雑にたとえると、「直観」が右脳だとしたら「論理」は左脳で、「大局観」が右脳と左脳を行ったり来たりしているようなイメージです。

2018年、ハーバード大学のビーティ教授は、おもしろい研究を発表しました。それは「普通の人」と「イノベーティブな人」で、3つの脳内ネットワークの使い方がどう違うのかを調べたものです。

脳の活動と思考の関係

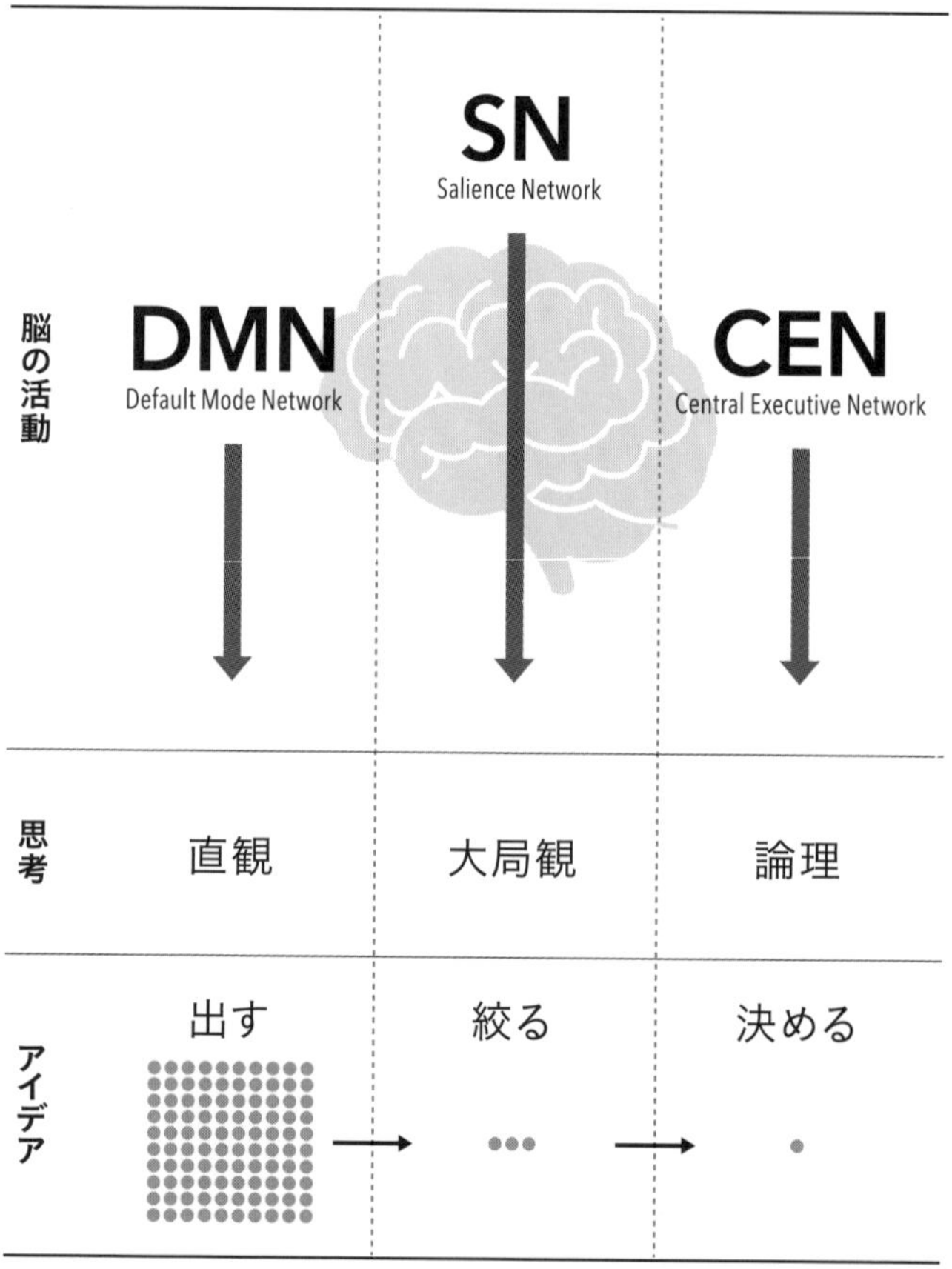
脳の活動
思考
アイデア
SN
Salience Network
DMN
Default Mode Network
CEN
Central Executive Network
直観
大局観
論理
出す
絞る
決める

結論から言えば、イノベーティブな人はこれら3つのモードの切り替えがうまい。逆に言うと、普通の人は切り替えがうまくいかず、特定のモードばかりを使いがちです。

Q イノベーティブな人はどのように考えているか？

A 3つのモードをうまく切り替えて考えている

将棋を思い浮かべてもらうとわかりやすいのですが、プロ棋士は局面ごとに100手ぐらいパッと浮かぶわけです。でも、それをいちいち吟味していられないので3手ぐらいに絞って、次はまたその3手の先にある100の局面を改めて吟味して……最終的に1手に決める。人の思考って、その連続なんですよね。それこそ羽生善治さんは、『直感力』、『大局観』、『決断力』という著書を出されています。

Q では、どのように3つの脳内モードを切り替えるのか？

まず**「直観」のモードには、ひとりでボーッとしていれば入れます。**北宋時代の中国の詩人・文学者の欧陽脩《おうようしゅう》が、アイデアの生まれやすい状況として「三上」という言葉を残しています。曰く、「馬上（乗り物に乗っているとき）、枕上《ちんじょう》（布団で寝ているとき）、厠上《しじょう》（トイレにいるとき）」の時にアイデアが生まれやすいと。これは今の時代も変わらないように思います。

次に**「論理」モードには、みんなで議論すれば自然と入れます。**例えばブレストがそうで、あれはアイデアを「精査する」場なんですね。ブレストでアイデアを出し合おうと言う人がいますが、あれは嘘です。ブレストによって新しいアイデアが生まれることは、あまりないです。

そして、**「大局観」モードです。**ビーティ教授の研究によれば、イノベーションにとって特に重要なのは、このモードです。なぜならば大局観を司るSN（セイリエンスネットワーク）が活性化して初めて、直観と論理の間を行き来できるようになるからです。

「大局観」と聞くと、物事を引いた目線からじーっと俯瞰するようなイメージを持たれるかもしれませんが、そうではなくて、「めちゃめちゃ引きながら、めちゃめちゃ寄る」という、高速の往復運動です。マクロだけでもなければミクロだけでもない、両サイドを行き来することでようやく大局（全体の成りゆき）が見えてくるわけです。

ここまで話すと、勘のいい方はピンと来ているかもしれません。改めて整理すると、本章ではブランディング期の時間戦略について考えています。そのポイントはどうも「具体と抽象の往復」にありそうだと既に述べました。そして、「具体と抽象の往復」とはすなわち、大局観のことに他ならないのです。

つまり、**「ブランディング期の重心は大局観にある」**と私は考えました。その前提を踏まえたうえで、次なる問いに移りましょう。

Q 大局観を持つには、どのように時間を使えばいいのか？

働く人々が生きる4つの時間領域

今から、本書のなかでもっとも重要な図を描いていきたいと思います。

ヨコ軸は「Doing」と「Being」。明確な目的に向かって頭を働かせている状態が、

日常生活の4つの時間領域

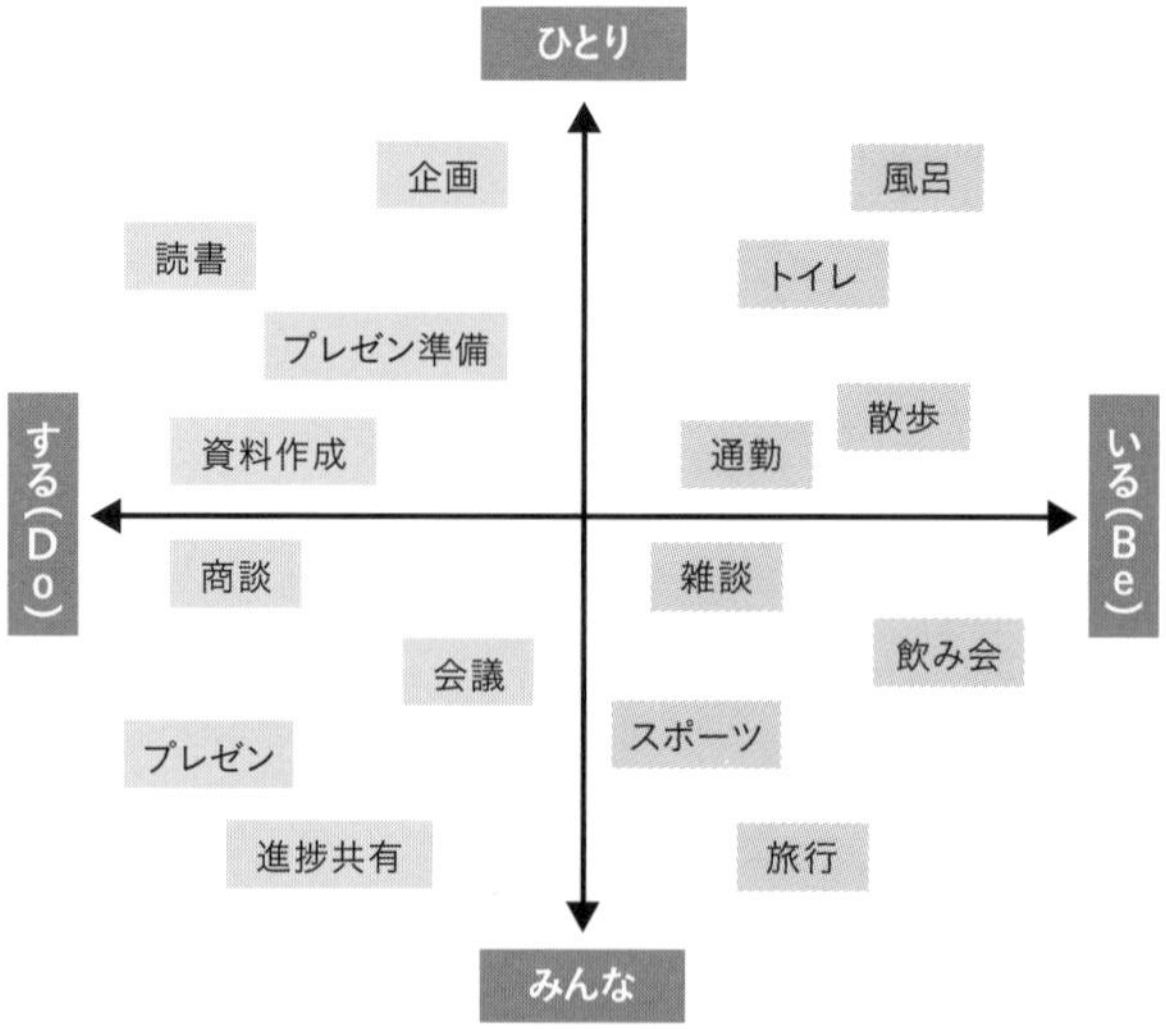

Doing（する）。役割があり、責任も発生しています。それらがない状態が、Being（いる）です。ここまでは、1章で書いた図と同じですね。

軸を一本、増やします。

人は多くの時間を「働く」ことに費やしています。「人と動く」と書いて、働く。つまり、「ひとり」ではなく「みんな」とつながった時間を過ごしています。そこでタテ軸には「ひとり」と「みんな」を置い

日常生活の4つのモード

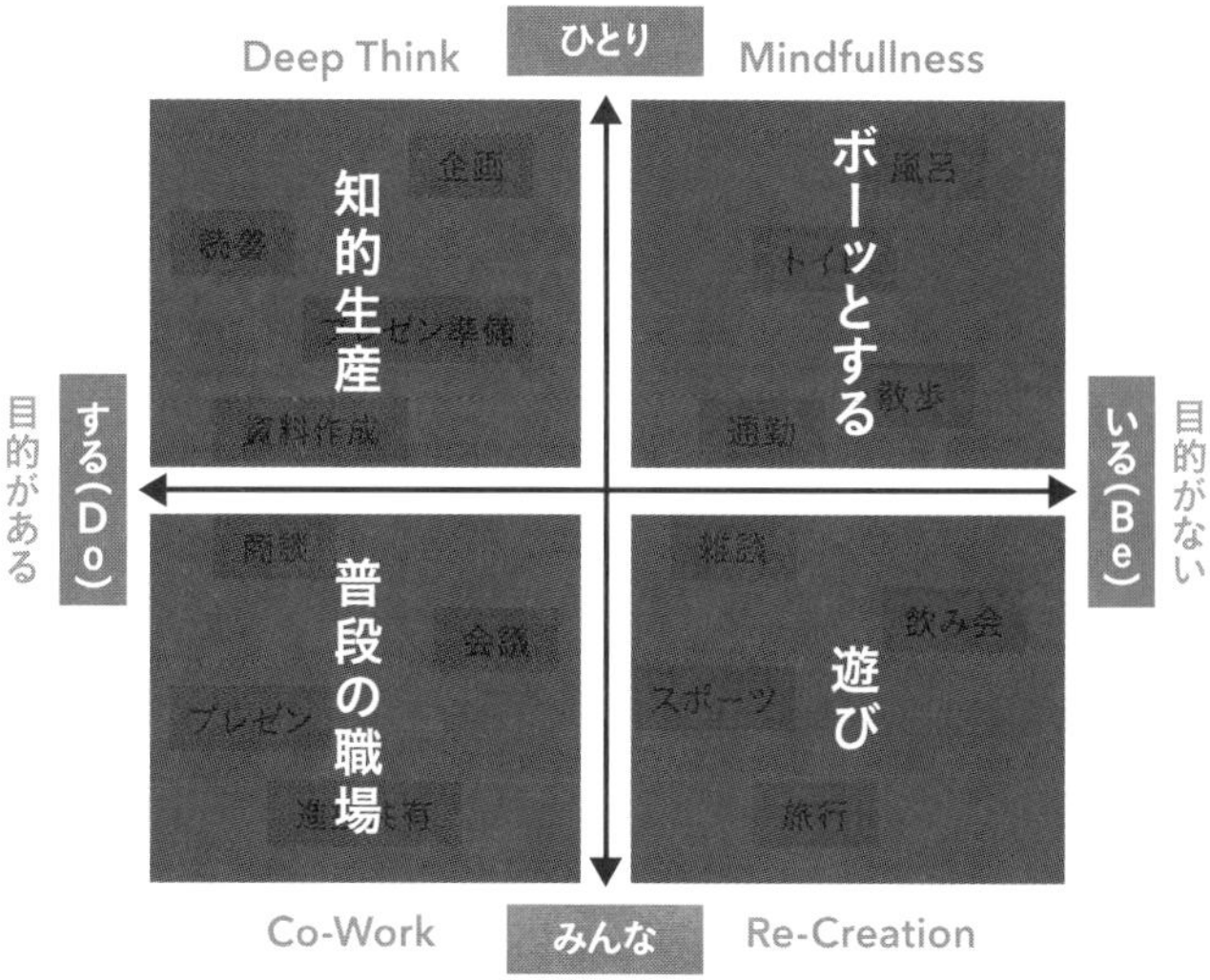

てみましょう。

するとビジネスパーソンが日常的に行っている行動は、この四象限で表せます。

いわゆる「仕事」のほとんどは、この図でいうと左半分に入ります。

一番わかりやすいのは左下の「みんなでDoing」の時間でしょうか。普段の職場というのは、基本的に結果を出すという目的を持って、みんなで動いています。

左上の「ひとりでDoing」は、複雑で困難な課題に取り組む時間です。私はこの時間を、「Deep Think」と呼んでいます。

例えば企画書の作成やプレゼンの準備などは、じっくりと深く考える必要がある。このような複雑な課題は、ひとりで取り組んだほうが圧倒的にはかどります。反対に、経費の精算など簡単な課題は、みんながいる場でやったほうがはかどると言われています。

「Being」はただそこにいるだけでOK、ありのまま、あるがままでいいよという状態です。

右下の「みんなでBeing」の時間は、例えばタバコ部屋がそう。職場の休憩中にする雑談の時間もそうですね。他にも、飲み会や社員旅行などもみんなでBeing。みんなでコミュニケーションを交わしているんですが、仕事上のアウトプットのゴールがあるわけではありません。目的に向かって走らなくても、みんなのなかに「ただいる」だけで許される時間です。

右上の「ひとりでBeing」は、ボーッとする時間です。トイレ、散歩、お風呂、就寝前の時間。マインドフルネス、瞑想の時間もここに入ってきます。

大局観が発揮される時間領域とは

この4つの時間領域をバランスよく行き来することが、ビジネスパーソンにとって非常に重要です。その理由はこれから説明します。

まずこの四象限の図に、さきほどの3つの脳内ネットワーク、DMN、SN、CENを当てはめて考えていきましょう。

さきほどお話しした通り、「みんなでDoing」していると、論理的になります。「ひとりでBeing」、トイレに行ったり散歩したりするときは、直観的になる。

残る時間領域は、「みんなでBeing」と「ひとりでDoing」です。私はこの2つの時間領域が、SN＝大局観に関わってくるのではないかと考えています。

ちょっと思い出していただきたいんですが、飲み会の会話って細かいネタをいっぱい出すんです。最近仕事はどうだとか恋人がどうだとか、内容の8割は細かい愚痴とどうしようもないうわさ話でしょう。ただ、残りの2割ぐらいで「うちの会社は」「人生ってのはさ」「今後の日本は」と、普段の日常では考えないような大きな話題に

日常で活性化する脳の領域

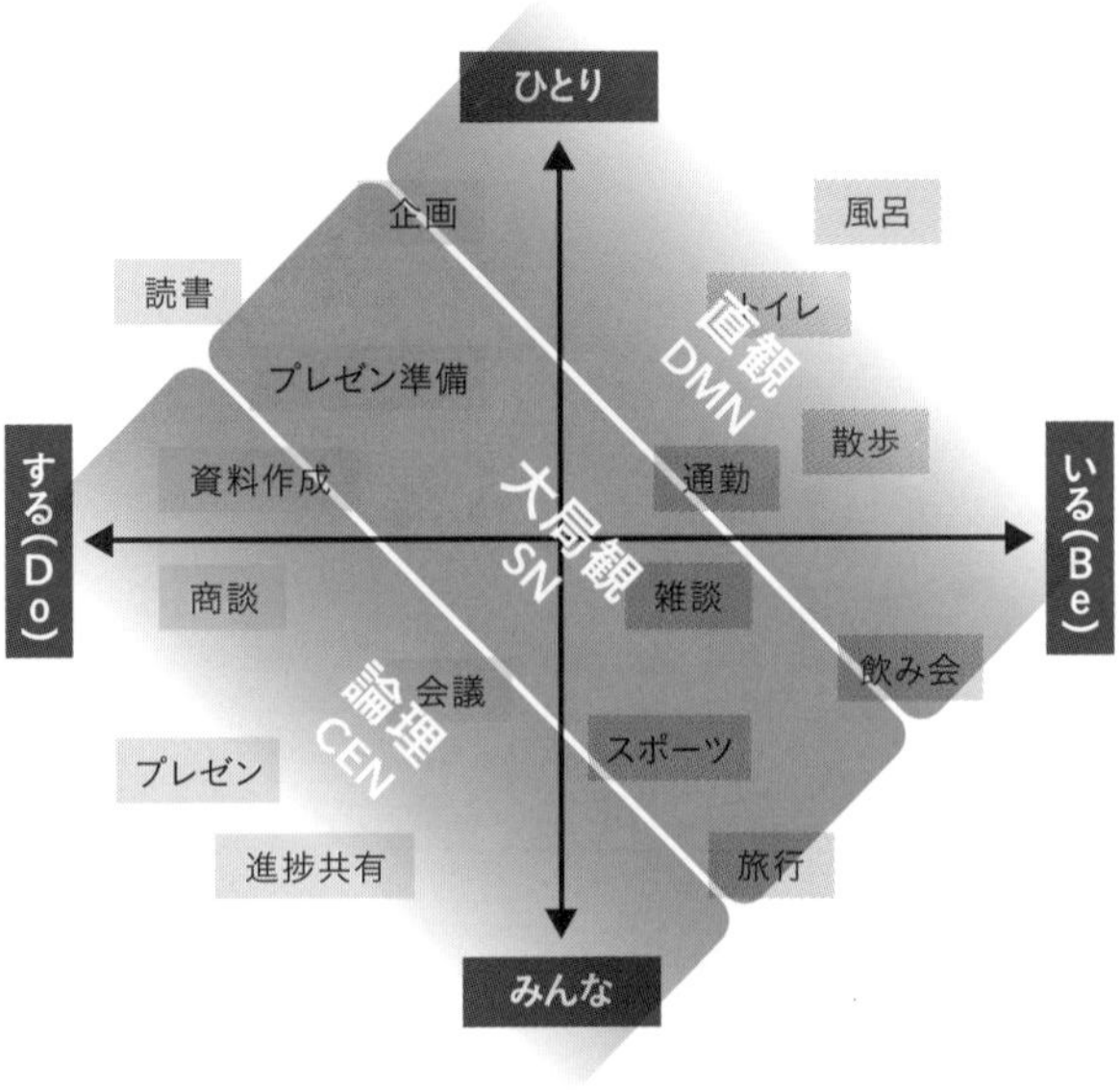

飛躍します。細かいネタと大きな話題――ディテール（具体）とビッグピクチャー（抽象）を、普段の日常ではあり得ない頻度で行き来している。

もう一つの時間領域「ひとりでDoing」、すなわち「Deep Think」の時間でも、同じような現象が起きています。例えばひとりで企画書を書く場合は、なんらかの大きなコンセプトに沿いつつ、具体的な細部を詰めてい

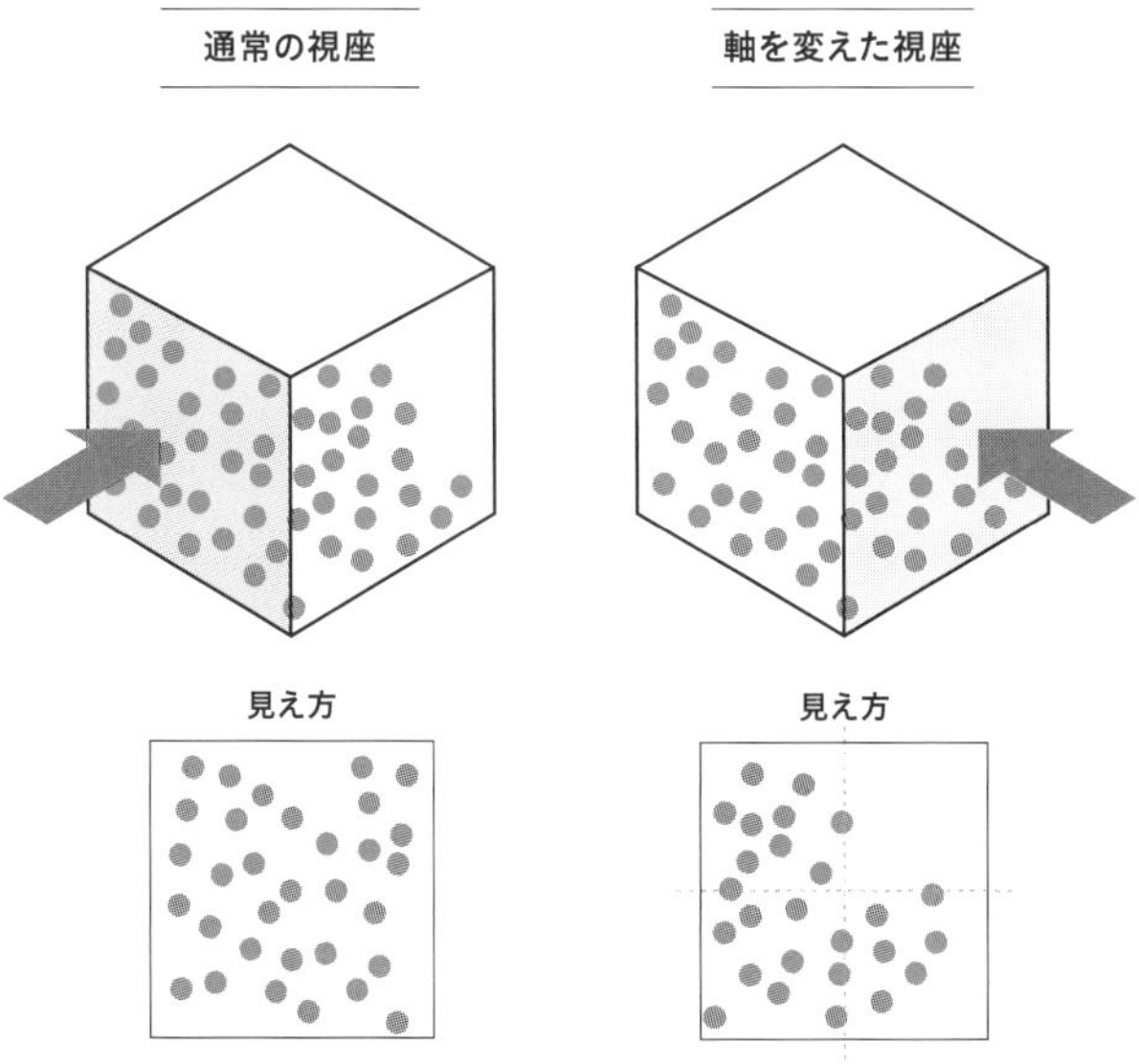

かなければいけない。やはりディテールとビッグピクチャーを往復しています。

その往復運動が、大局観を育みます。

視座を変えながら、大局観を持って物事を捉える過程を図にすると上のようになります。

よくマーケティングなどでは、縦軸と横軸でサービスや商品をマッピングします。通常の視座では、やり尽くされているように思える場合も、

大局観による視座の変え方

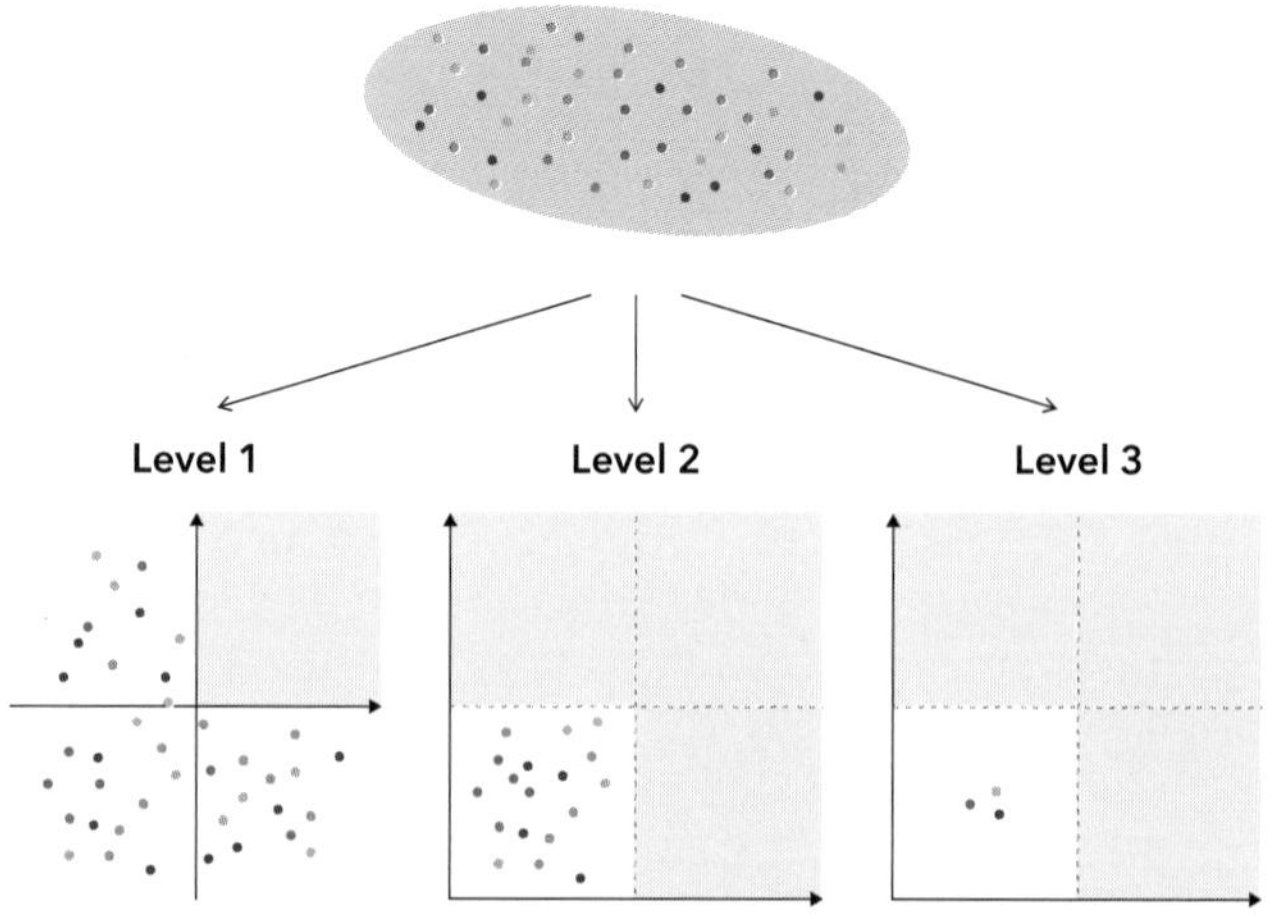

大局観とは具体と抽象を往復しながらアイデアを絞り込むこと

視座の「軸」を変えることで、大きな空白地帯を見つけることができます。

さらに次のLevel1～3の図を見て下さい。大局観をもって、具体と抽象を行き来しながらアイデアを絞り込んでいくと、普通の人の目には、もう「やり尽くされている」ように思える事象でも、「実は今までやられていたアイデアはほんの一部分に過ぎなかった」ことに気づき、空白地帯がたくさん見えてくるのです。

問題は、４つの時間領域の図で示した**「大局観」のゾーン（ひとりでDoing／みんなでBeing）にいる時間が、現在の働き方改革のなかでどんどん失われていること**です。

限られた時間内での生産性向上が叫ばれるようになり、職場での雑談の時間がどんどん削られています。企業によっては社員旅行や忘新年会、部の飲み会なんて無駄だ、と全面的に廃止する動きもあるようです。「若者の飲み会離れ」や「忘年会スルー」もそう。でも、そういった「みんなでBeing」の時間は、「みんなでDoing」の時間には得られないものがたくさんある。思い出してください。普段の会議では、「いやぁ、人生ってのはさ」って話に絶対ならないですよね。

また、今や手軽にスマホでニュースが読め、世の中のことや人生についてわかっている気になってしまいます。YouTubeなりネットフリックスなりといった娯楽は端的に何を奪っているかというと、思考する時間を奪っています。この社会はどうなっているのか、人生とはいったいなんなのか。自分の手にしているちっぽけな情報や自分の人生というちっぽけなサンプルをもとに、大きなビジョンを思い描く。そんな

「Deep Think」の時間もまた、日常のなかからどんどん失われつつあります。

さて、ここまでの話を整理しましょう。ブランディング期における重心は**「大局観」**です。ここを経由しなければ、「直観」モードからいきなり「論理」モードには切り替えられません。にもかかわらず、今や日常のなかから「みんなでBeing」と「ひとりでDoing」の時間が失われていることによって、大局観が働きにくく、育まれにくい状況になっている。

私からのシンプルな提案です。面倒臭いなぁと感じるとしても、あえて業界の異なる友人・知人と飲みに行ってみましょう。他愛もないバカ話をしながら、普段の職場ではしないような方向に話題を大きく膨らませてみましょう。飲み会がいいのは、お酒が入ることによって「論理」の機能が鈍ります。そうすると、自然と「大局観」ゾーンに入っていける。

また、部屋でひとり企画書を練ったり、「そもそも働くって何？　人生って何？どんな新しい時代が来るだろう？」と、哲学的なことを考えてみましょう。ひとりで「Deep Think」してない人には、その人ならではの魅力も出ないでしょうし、業界外の人からも会いたいと思われないでしょう。

改めて考えてみると、ハードワーク期は、「みんなでDoing」の時間がメインになっていました。しかしブランディング期の段階で必要になってくるのは、業界外の人との**「みんなでBeing」**（飲み会や交流会）であり、**「ひとりでDoing」**の時間です。そのような時間を戦略的にもつことで、「あなた」というブランドが磨かれていくのです。

第4章

人生100年時代の重心は「実りの秋」にある

ここまで本書は「フルライフに向けた時間戦略」をテーマとし、とくに「何か大きなことを成し遂げるための重心」について見てきました。具体的にはビジネスパーソンが生きる仕事の時間を3つのフェーズに分け（ハードワーク期、ブランディング期、アチーブメント期）、第1、第2のフェーズに関してそれぞれ重心がどこにあるか私の考えを述べてきました。

いよいよ本章では最終第3のフェーズ、**「アチーブメント期」**を扱います。自分が心からやりたい「志事」に取り組む時期ともいえます。

生涯の「志」をいつ決めるか？

この時期における時間戦略を考える上で、ポイントとなる問いは次の一点に尽きます。

Q いつ志を立てるのか？

ハードワーク期やブランディング期が「練習」だとすると、アチーブメント期は「本番」といえます。当たり前の話ですが、いつ本番を迎えるのかによって、いつまで練習すればいいかが決まってきます。練習が少なければ、本番を迎えても意味がない。実力を発揮できないし、そもそも実力が十分身についていないからです。逆に練習が多すぎても本番を迎える頃には残された時間が少ない。「練習」から「本番」へと移行する、すなわち重心を移すタイミングはいつなのか、見極めが必要です。

大事なので、もう一度問いを繰り返しましょう。

Q あなたはいつ、志を立てますか？

この問いは、とても難しいものだと思います。「自分はこれをやりたい！」と腹の底から納得して物事を始められることはまれだからです。それよりも、ボンヤリとでもいいから志を立て、やり続ける中で志がハッキリしていく場合が多いのではないでしょうか。もしかしたら、「いったん○○歳までに志を立てる！」と決めない限り、いつまで経ってもアチーブメント期が始まらないのではないか。

3つの仕事時期の内容と重心

フェーズ	ハードワーク期	ブランディング期	アチーブメント期
内容	能力を深める仕事に取り組む	自分の器を広げる仕事に取り組む	自分が心からやりたい仕事に取り組む
重心	1日:始まりと終わり 1週間:金曜日の夜8時以降 3〜10年:3段階プランニングの2回目の目標設定	大局観の時間 （一人でDoing/みんなでBeing）	50歳

ならば、決めてみませんか？

先に私自身の結論を述べておくと、アチーブメント期は**「50歳から始める」**と考えています。もちろん何歳から始めてもいいのですが、人生100年というスケールで考えると「50歳」がちょうどいい重心になると考えました。

もう少しいえば、こういうことです。本書を書いている私はいま「39歳」です。「50歳」まではハードワークなりブランディングの仕事に取り組み、自分自身の器を深めたり広げる。そうするんだ、と決める。

私自身、現時点で「これをやりた

い！」というものがないわけではありません。しかし、果たしてそれが「志」と言えるのか、まだ確信が持てません。いろんな人と出会い、さまざまな経験をする中で、人生の視界がどんどん変わっていくことを、これまでの人生で幾度となく経験しているからです。視界が変わり、新しい景色が見えてくると、「これもやってみたい！」という気持ちになってきます。まさにこれが「確信を持って志は立てられない」という怪（むしろ自然？）現象です。

しかし、いつまでも「練習」するわけにはいきません。一回きりの人生の「本番」をいつから始めるか。これは決めの問題です。ではどう考えて決めればいいのか？

私自身は次の問いから始めました。

Q そもそも100年を生きるとは何か？

この問いからどのように展開して「50歳」という重心に至ったのか。さっそく、具体的な思考プロセスを見ていきましょう。

寿命と定年の変化

	1964年 (東京オリンピック)	いま
定年	55歳	75歳
寿命	70歳	90歳

人生100年を春夏秋冬でとらえる

歴史を振り返れば、戦後直後の日本人は、平均寿命が50歳でした。当時の日本人にとって人生とは、イコール「働く」ことだったと言えます。子どもの頃から畑に出て、一人前の労働力としてカウントされる。定年もありません。元気に働けるうちはとにかく働く。そして病気や老衰により、自宅で亡くなる。そういう時代でした。

時代が進み、東京オリンピック（1964年）の頃になると、平均寿命は70歳くらいまで延びます。社会制度も整い、また定年という概念が登場したことで、多くの日本人にとって人生は「学ぶ→働く→休む」という3ステップを踏んでいくものとなります。いわゆ

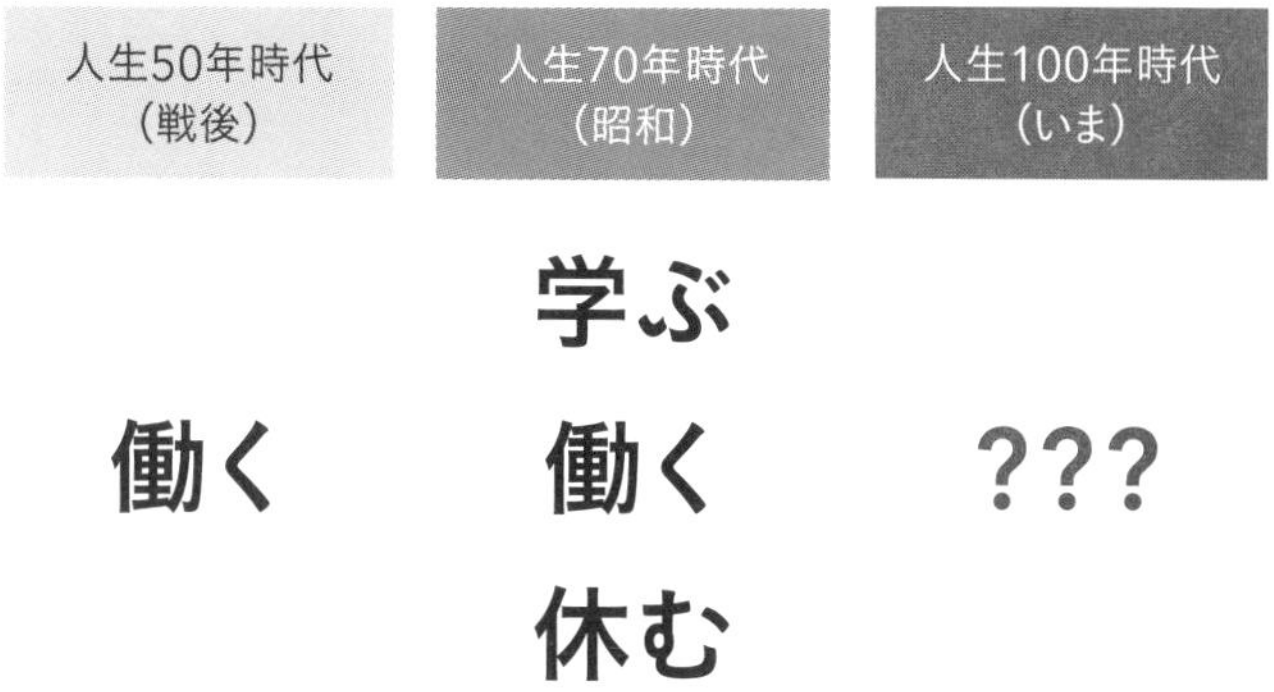

る「いい学校に入って、いい会社に就職すれば、いい人生が待っている」というやつです。いい悪いは別にして、そうやって一本のレールを敷き、全力で人生を駆け抜けたのが昭和という時代だったのでしょう。

さて、今はどうなっているでしょうか？

表にある通り、いまや私たち現代人の多くは、なんとびっくり90歳まで生きます（18年生まれの日本人が90歳まで生きる割合は、女性が50.5%、男性が26.5%）。もっと言うと、100歳まで生きる可能性が高いんです。だからこそ国を挙げて「人生100年時代」、100歳まで生きることを前提に人生プランを立てましょうよ、といわれるようになってきているのです。

別の数字を挙げましょう。

寿命90歳と定年

の差を15年とすると、いまや定年は75歳ということになります。つまり、75歳を超えて初めて「シニア」と呼ばれ、年金の受け取りを開始する。そんな時代に私たちは生きているわけです。

では人生100年時代において、どのようなモデルが人生の基本となるか？　もし20年学び、40年働くという旧来のモデルに従えば、定年後40年間（！）も休む羽目になってしまいます。

話を一気に進めて、結論から言うと、人生は「4ステージ」あるという心づもりでいれば、人生100年時代に備えられると考えました。季節になぞらえれば、春夏秋冬の4ステージです。

おそらく「学ぶ春」「働く夏」、そして「休む冬」というのはこれまでと同じですが、**「実りの秋」をどう過ごすのか**というのが人生100年時代における最重要ポイント、つまり重心になってくると思います。

具体的には、マラソンでいえば折り返し地点に当たる「50歳」の時に、「志」を立てて人生をシフトできるかどうか。ここがフルライフに向けた時間戦略の要になってくる。

人生100年時代の4つの季節

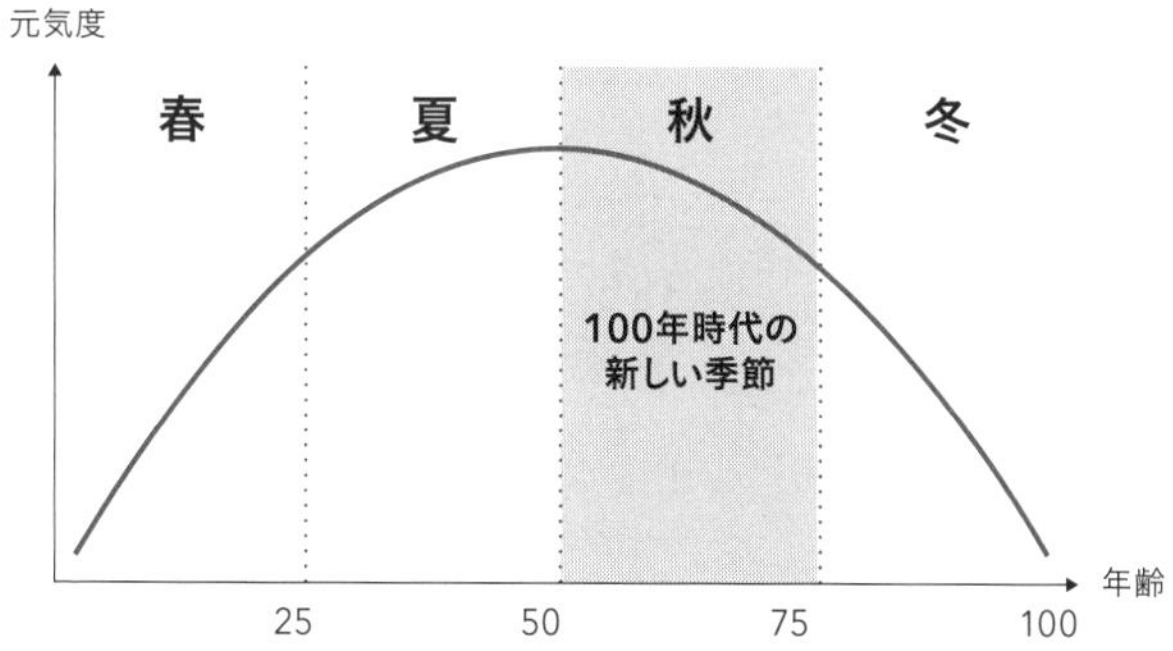

この「4ステージモデル」の最大の特徴は、人類史上はじめて「実りの秋」が登場することです。従来のモデルでは懸命に働いた後、強制的に老年（シニア）期に入らなければいけませんでした。新たなモデルでは「働く」と「休む」の間に、豊かで充実したアチーブメント期が訪れることになる。

実はもうすでに、専業主婦の方はそうした季節を感じながら生きてきています。母親定年するのが大体その時期（50歳くらい）なので、人生の焦点が家族から今後の自分へと移る時期です。あるいは会社に勤めている方も、役職定年がその時期なので、選択を迫られる時期かもしれません。

もちろん、会社に居続けるのも一つの選択

肢ですが、60歳を過ぎてから次のキャリアに移ろうとしてもなかなか難しいものです。しかし、思い切って50歳くらいで早期退職し次のキャリアに移られた方たちは、最初は慣れない仕事や人間関係に苦労しますが、適応できた時につかむ自信は大きなものがあります。だからこそ「また新たなチャレンジがあっても大丈夫」と思え、元気に75歳くらいまで活躍される確率が高まりそうです。

また、いくらアチーブメント期といえど、若い頃のように働きづめ、というわけにはいきません。「学ぶ」「働く」「遊ぶ」などのさまざまな活動をバランスよく行うことが人生の実りへとつながっていくと思います。本書の言葉を使えば、「Well-Doing」と「Well-Being」のバランスをとるということです。

かつて孔子は、15歳にして学に志し、50歳で天命を知ったと言います。しかし「はじめに」でも述べましたが、私のような「あれもこれも（A and B）」タイプの人間には、そんなに早くから志を立てられません。

一方で、いつまでもグズグズと「練習」するわけにもいきません。自分の人生は自分が決めない限り、いつまで経っても「本番」が始まりません。そこで私が考えたのが、**「50歳にして志し、75歳までに天命を知る」**という時間戦略なのです。

……とここまで考えて、ふとあることに気がつきました。「何歳で志を立てるのか」という問いは、結局のところ次の問いでもあるのです。

Qはたして自分は、長い人生のどの時期に輝くのか？

スポーツ選手であれば、春（0〜25歳）ということになるでしょう。あるいは、「終わりよければすべてよし」という考えでいくなら、冬（75〜100歳）ということになります。

しかし仕事で輝きたいのであれば、多くの人にとってそれは夏（25〜50歳）か秋（50〜75歳）のどちらかということになります。そしておそらく、漠然と夏の時期輝こうと考えている人が多いのではないでしょうか。

ただ残念なことに、ほとんどの人にとってそれは無理な話です。なぜなら、会社の手足として働くというのであれば別ですが、自分が本当にやりたいことをやるのであれば、そのために必要なスキルや経験、人脈といったものを、そんな若いうちにすべて揃えることなど普通は不可能だからです。もしそれができたとしたら、それは相当に幸運な人といえます。

必然的に、多くの人が仕事で一番輝けるのは、「秋の時期」ということになります。そうだとすれば、キャリア・人生設計もそれを念頭に置いてすべきと考えられる。

そもそも、自分がやりたいこと、つまり人生の意味を見つけること自体が難しい時代になっています。松下幸之助が「与えられた仕事を天職と思え」と言ったように、昔であれば、最初に入った会社に尽くすことこそが人生の意義でした。大会社の重役だったということを一生の誇りとして死んでいけた時代があったのです。

しかし、時代は変わりました。会社の寿命も短くなってきているので、1社に勤め上げるということ自体が難しい。どちらかといえば、いまは「会社」というより「業界」が人生の意味を与えてくれています。例えばエンジニアという職業に就いている人を見ても、彼らは会社ではなく業界にコミットし、業界内で影響力や発言力を持つことで、自尊心を高めているように映ります。しかしこれもまた、移り変わりが激しい。これからは複数の業界に軸足を置かなければやっていけなくなるでしょう。

私の友人である若林恵さん（黒鳥社）から、こんな言葉があると教わりました。

「これからは一つに依存する時代ではない。では、依存の反対は何か？　それは自立ではなく、たくさんへの依存である」

これからの時代は、会社も業界も生きる意味を与えてくれない。するといよいよ、自分と向き合わざるを得なくなります。自分の人生の意味は、自分自身で見つけなければならない時代になったのです。自分で納得できる人生の意味を見つけるのは簡単ではありません。30歳や40歳では到底見つけられないでしょう。その意味でも、輝くのはやはり50歳からと考えるのが、妥当といえます。

異なる分野を大局観で行き来する

やりたいことというのは、白馬の王子さまのように待っていれば向こうから来てくれるものではありません。ではどうすればいいのか。本書でこれまで述べたように、50歳までは力を蓄えるための修行の期間と思って、「A and B」で、なるべくいろいろなことを試すしかないでしょう。

ちなみに学問の世界では、50歳までに5つくらいの分野を渡り歩くことが求められる時代になっています。1つや2つでは弱い。5個くらい併せ持つことで、ようやくこれこそが自分のオリジナルだと言えるものが見えてくる。おそらくこれは、ビジネスの世界でも同じなのではないか。そのためには、最低でも3、4回は転職する必要があるということになるでしょう。

では、どんなところに転職すればいいのか。一つの考え方として、次の図が参考になるかもしれません。

ヨコ軸に分野、タテ軸にスキルをとった時に、分野もスキルも同じところで何回転職しても意味がありません。最終的にはスキルも分野も違うD社の領域をどれだけ味わえるかが、自分の幅を広げます。

とはいえ、最初から分野もスキルも違うところへ行ってもパフォーマンスを発揮することは難しいでしょう。そう考えると、1、2回目の転職は**「求められるスキルは同じだが分野が違うB社」**か**「分野は同じだが求められるスキルが違うC社」**へ転職するのがいいということになります。

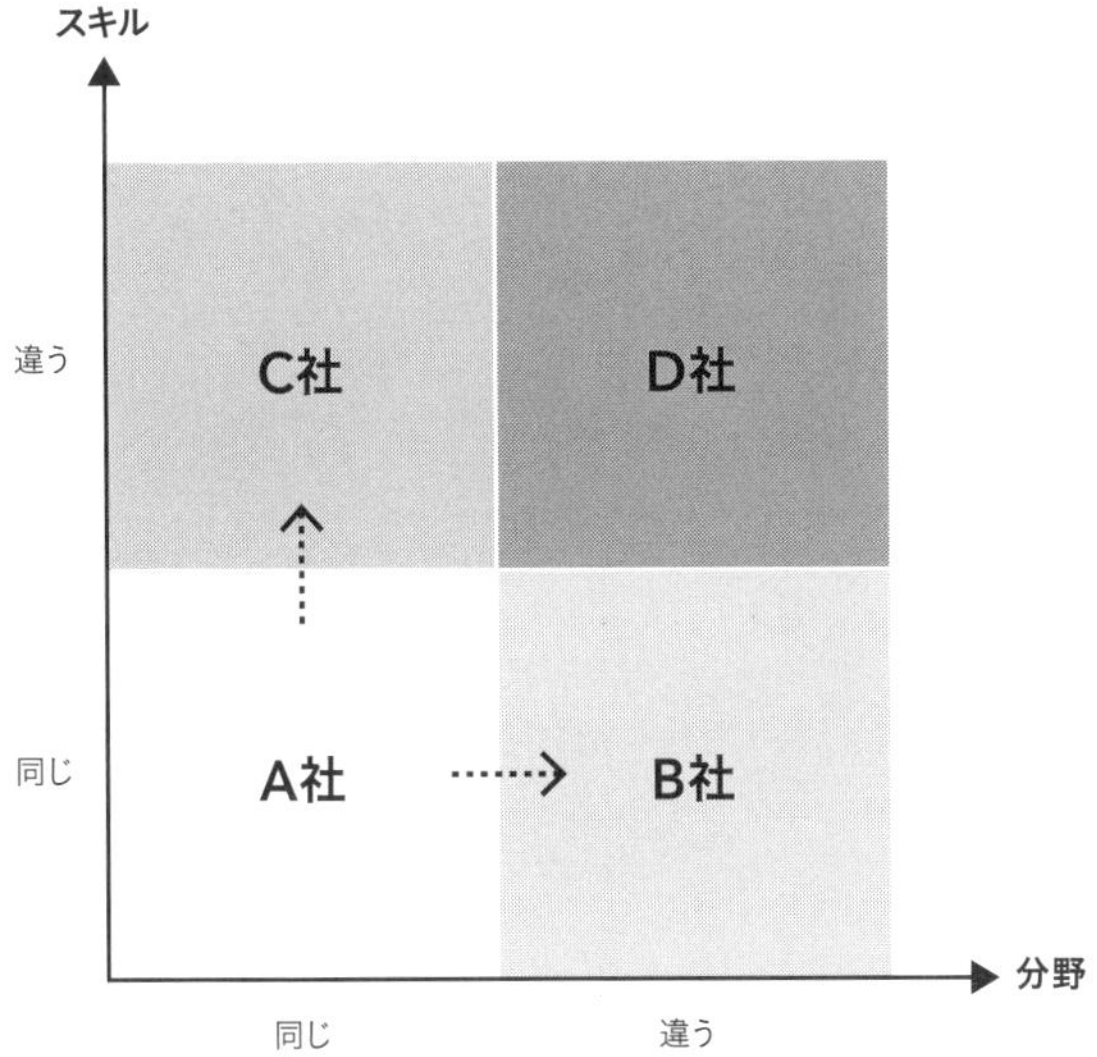

関連する産業の知識を下流から上流までという拡げ方もあるでしょうし、同じ産業内のとなり業界という考え方もあるでしょう。

また企業や事業を一つ高い視点で捉えるならば、同じ業界や分野で、経営陣のCxOにまつわる知識を一つひとつ身につけていくという方法もあります。

CFOならファイナンス、CTOならテクノロジー、CMOならマーケティング、COOならオペレーション、CHROなら人事……。各部門

経営陣の役割

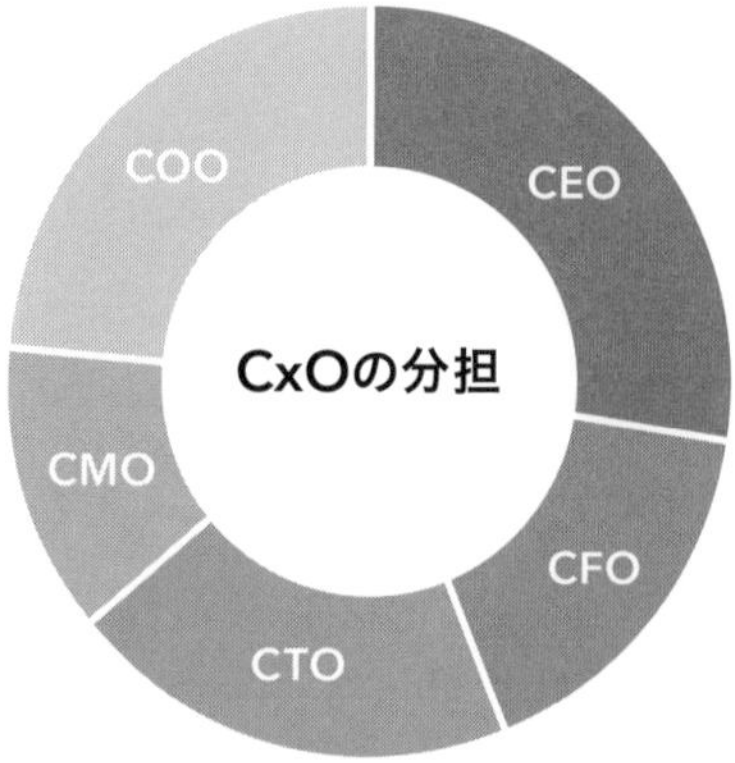

の知識を身につけていけば、CEOとして、事業経営に意思決定が必要な分野がわかるはずです。

そうやって自分がそれまでやってこなかった領域に飛び出すことが、自分はどこでもやっていけるという自信につながります。逆に苦手なことに挑戦してこなかった人には、本当の意味での自信は芽生えません。コンサルティングを仕事にする人に自信を持った人が多いというのは、それだけいろいろな領域やスキルを渡り歩く経験をしているからだと思います。

もちろん、**すべて自分でやる必要はありません。**その分野に飛び込んでみれば、自分の得意なこと不得意なことが見えてくるはずです。そうして、不得意な分野でも、それが得意な仲間と信頼関係を築いていけばいいのです。そして、別の分野や仕事に移っても、きちんとつながっていれば、ブランディング期やアチーブメント期に、きっとあなたを助けてくれるはずです。

会社内でジョブローテーションをするというのにも同じ意味合いがあります。しかし、それはあくまで終身雇用を前提とした制度で、いまや会社の寿命よりも職業寿命のほうが長くなったのは、先ほども触れた通りです。その中でいくら動いても、そこはかとない不安は拭えないままでしょう。

今いる場所を飛び出して、苦手なことに挑戦するのには勇気がいります。その一方で、目の前にレールが敷かれているとわかった瞬間、その先を歩くのが嫌になってしまうのも人間です。自分の人生、本当にこれでいいのか、と。たしかに、予測とズレがまったくないというのは退屈なことです。

安定をとるのか、変化を求めるのか。このジレンマを解く鍵は、3章で述べた「大局観」を持つことにあります。というのも、一つの会社にとどまるというのは、短期的に見ればたしかに安全な道ですが、中長期的に見たら、その先は行き止まり。1社にとどまるのは逆に危ないというのが、いまの時代です。

大局観を持って人生を眺めれば、つまり100年というロングスパンでの充実と、目先の人生の充実という視点を行き来しながら考えてみるならば、実はいろいろな領域を経験しておくことこそがリスク分散になり、本当の意味での安全な道になります。同時に、短期的に見れば変化していることにもなるから、変化を好む大脳新皮質の欲求も満たされるというわけです。

同じ転職でも大局観を持って行わなければ、後で振り返った時には、自分は一体何に人生を費やしていたのかと後悔することになるでしょう。だからこそ、スキルと分野のマトリックスで自分の人生を俯瞰することが大事になります。

とはいえ、必ずしもそれは、明確な目標から逆算した計画的なものである必要はないと思います。「いまの自分にとってのB社、C社とは何か」。そういう視点を持つだけで、次にすべきことが見えてくるはずです。

自分が何度も転職している間に一つのことを磨いている人を横目で見たら、焦る気持ちになるのもよくわかります。しかし、落ち着いてください。その人は50歳までの人かもしれません。

目の前のことに役立つかどうかという視点で無駄を省くのは、短期的には効果的ですが、中長期で見たら視野が狭すぎるということになるでしょう。

圧倒的な成果を出せる分野を見つけること

大局観を持つ、つまりいつ輝くのかという視点を持つことは、どんなスキルを身につけるべきかという話にもつながっていくでしょう。というのも、いま活躍したいのであれば、いま流行っていることをやれば近道です。しかし、いま流行っているということはすなわち、早晩廃れるということです。一時期セクシーだともてはやされたデータサイエンティストという職業も、その後オープンソースのライブラリが充実したことで、一瞬でコモディティ化してしまいました。

そう考えると、流行に流されるよりは、人間の本質に迫るような普遍的なスキルの方がいいかもしれません。どんな仕事をするにしても、私たちが相手にしているのは、常に人間だからです。

例えばマーケティングやマネジメントといった人間を扱うスキルは、今後も必要性が消えないように思えます。

しかし極論してしまえば、身につけるスキルはなんでもいいとも言えます。何を選ぶか以上に、選んだものをちゃんと掘り下げて、自分のものにできることのほうがよっぽど大切だからです。

気軽に転職していろいろな経験を積むことが大事だと言いましたが、そうするには前提があります。いくつかの職を点々としながらも、**どこか自分の得意な領域を見つけて、ハードワークを行い、圧倒的な成果を残すこと**です。

自分が得意な分野や自分にあった環境は必ずあります。そこで自分の型と呼べるようなものを確立した人だけが、周囲の信頼を得て、わかりやすく大きな成果を残し、他へ移ることができます。確固たる型のある人は、移った先で仮に失敗したとしてもすべてが崩れ去ることなく、スタート地点にある確固たる自分に立ち返ることができます。

だからまずは、一刻も早く母港と呼べる場所を作ること。そしてそこから大海原へと打って出ること。そうやって50歳までに複数の専門分野を持ち、自分なりの人生の生きる意味を見つける。そうすることで、輝くアチーブメント期が始まるのです。

……ちょっと気張りすぎましたね。同じことを裏側から語り直してみましょうか。

本章で何度も繰り返してきた「50歳から輝く」という言葉の意味は、**「本気を出すのは50歳からでいい」**ということでもあります。人生100年時代をそのように捉えたら、気負うことなくいろいろな挑戦ができるのではないでしょうか。

第5章

真のWell-Beingとは「自分らしさ」の先にある

≫A フルライフとは、Well-DoingとWell-Beingのバランスにある

そのような話を本書の冒頭でしました。おそらく「Well-Doing」については、「仕事をよくやることとなんだろうな」と直観的に理解されたと思います。しかし「Well-Being」という概念は聞きなれず、もしかしたら戸惑ったままここまで来られたかもしれません。

そこで本章では、**「真のWell-Beingとは何か」**についてくわしく述べていきます。というのも、まさにそれこそが私の研究分野であり、現時点でハードワークしている分野だからです。

ここで改めて少しだけ自己紹介をさせてください。私は被爆3世として広島県で生まれました。両祖父母とも奇跡的に原爆を生き抜いた経験から、ちいさい頃より「ご奉仕をして世界平和に貢献すること」の大切さを繰り返し教えられ育ちました。

しかし、世界平和はあまりに大きいテーマなので、どのようなご奉仕をすれば貢献できるのか長いこと悩んできたのも事実です。これからも（50歳まで）悩み続けるこ

とでしょう。ただ、何事も始めてみないと前に進んでいかないので、現時点で私は自分のハードワークを次のように設定しています。

「Well-Being研究を推進し、世界平和に貢献する」

まずはなぜ私がWell-Beingに注目するようになったのか、背景からお話ししていきたいと思います。

人類は進化してどのぐらい幸せになったのか？

科学の基本は**「測定」**です。測定することでデータ（Data）を取得し、そこからナレッジ（知識）を取り出し、政策や技術などのイノベーション（革新）につなげていく。

Q 科学はどのように前進するのか？

≫A データ→ナレッジ→イノベーションの流れで科学は前進する

この流れを加速させることで人類は進化してきました。私の専門分野である予防医学（preventive medicine）では、長らく「寿命」というデータに着目し測定してきました。例えば１８００年、人類全体の平均寿命は29歳程度でした。その理由は、乳幼児がたくさん亡くなっていたことに起因します。

平均寿命が短かった時代にも、長生きする人はたくさんいました。なぜ短命な人とそうでない人がいるのか。データを解析する中で、健康長寿に資するさまざまな知識が取り出され、健康政策や医療技術のイノベーションへとつながっていきました。

その結果何が起きたでしょう？　驚くべきことに、人類全体の平均寿命はなんと72歳まで延伸したのです。次の世紀をまたぐ頃には、82歳にまで到達すると推測されています。

このような話を聞くと、おそらくみなさんの中で次のような疑問が湧き上がることでしょう。

人類の平均寿命の推移

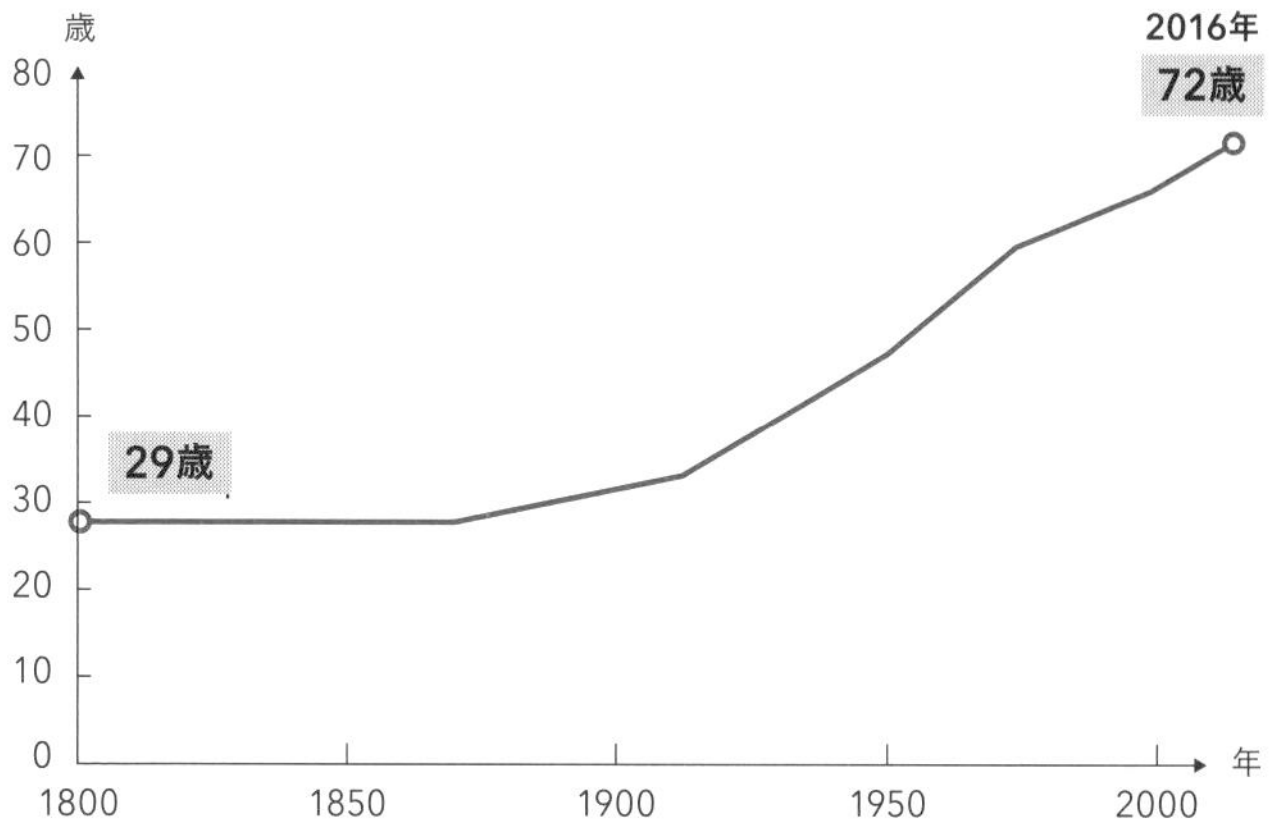

Q それで人類は幸せになったのか？

長寿社会の実現は、見果てぬ人類の夢でした。しかし、いざそのような社会が到来すると、「ただ単に長生きしてもしょうがない」とか、「人様のお世話になってまで生きたくない」などさまざまな意見が出てくるようになります。

あえて単純化すれば、人類の関心が「命の長さ」から、よく生きるとは何かといった「命の質」にシフトしたのです。その動きに呼応するように、予防医学は「平均寿命」だけでなく「健康寿命（自立して元気でいられる期間）」、さらには「幸せ度や満足度（Well-Being）」のデータ測定を始めるようになりました。

おっ、Well-Beingという言葉が出てきましたね。そう、この一語は予防医学の研究分野の一つとして、21世紀に入ってから熱い注目を集めているのです。

ここで、世界の研究者を驚かせた日本のデータをご紹介します。2002年、Well-Being研究の創始者であるディーナー博士らは、1958年～1987年にかけて日本人の生活満足度がどのように推移したかを発表しました。左の「一人あたりのGDP」と「生活満足度」の図です。これによると、日本人の生活満足度は戦後30年間、ピクリとも向上していなかったのです。私自身もこの結果を見て、**「いったい人類の進化とはなんなのか？」**と大いなる熟慮を迫られました。

改めて振り返るまでもなく、これまで人類は「平均寿命」や「ひとり当たりGDP」などのデータを重視し、その改善を目指してきました。その先には幸せな社会が待っていると信じてきたからです。しかし、現実はどうか？　たしかに寿命は延びた

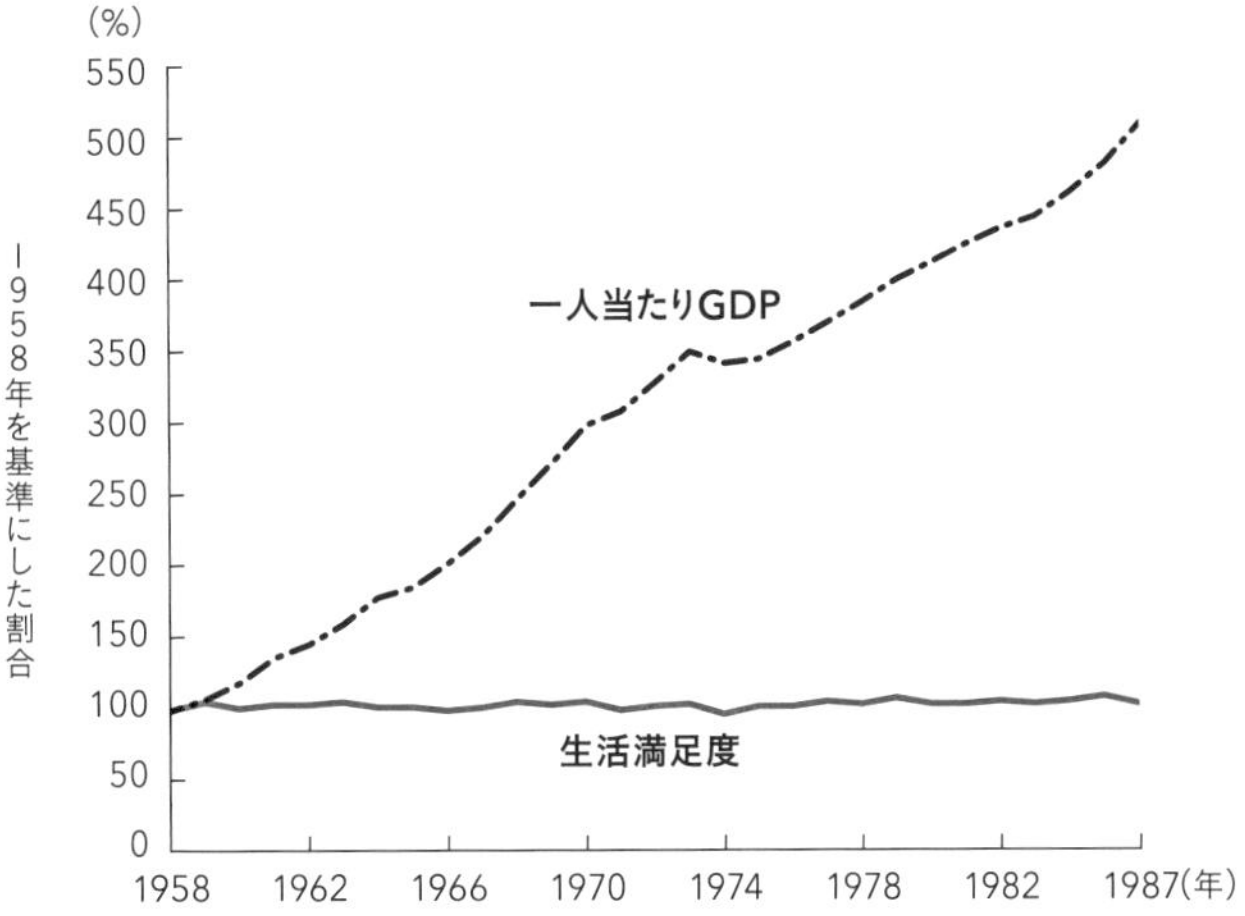

出典： Ed Diener & Robert Biswas-Diener (2002)
Social Indicators Research 57:2; 119-169

し、経済的に豊かになり、生活も便利になりました。それだけの進化があったにもかかわらず、「実感としての豊かさ」を感じられていないのが偽らざる現状です。

これまでの努力が無駄であったわけではありません。言うまでもなく、**「病気・貧困・戦争」**は長らく人類を苦しめてきた3大苦であり、それらを大きく克服した20世紀は後の歴史家から「黄金の世紀」として称賛されることでしょう。

しかし、**苦しみを取り除**

きさえすれば、人々が人生に対して「意味・目的・満足」を感じられるわけではない。そのような現象がWell-Beingデータを取り始めたことでわかってきました。すなわち、マイナスを減らすということと、プラスを増やしていくことは、異なる営みである可能性が高いのです。

いま国際社会では持続可能な社会の実現に向けてSDGsが推進されています。一方で、SDGsは主としてマイナスを減らすことが意図されており、ここまで議論してきたような**「命の質（Well-Being）」**に関する観点が抜け落ちています。

だからこそ2025年に開催される大阪・関西万博では、「いのち輝く未来社会のデザイン」というテーマを銘打ち、国際社会に対してSDGs達成はもちろんのこと、2030年で一区切りを迎えるSDGsのその先にどのような議論を行うべきか、「いのち輝く」というキーワードに想いを込めて発信しようとしているわけです。

Well-Beingは体験と評価で測られる

「国連の幸福度ランキングで、日本は58位だった」

そんなニュースが毎年3月末になると流れてきます。なぜなら3月20日が「国際幸福デー」と設定され、国連はその時期に合わせて「世界幸福度報告（World Happiness Report）」なるレポートを2012年から毎年発行しているからです（わかりやすい一般用語として〝幸福〟が使われていますが、実際は〝Well-Being〟に関するレポートです）。

この手のニュースを目にすると「やはり日本は低いのか……」と暗澹《あんたん》たる気持ちにさせられますが、少し待ってください。そもそも一体どこの誰が「日本人の幸福度」を測定しているのでしょうか？　さらにその「幸福」とやらはいつの間に定義されていたのでしょうか？

私たちが注目すべきはランキングではなく、Well-Being≒幸福の定義です。もしその定義が日本人にとって納得のいくものでなければ、ランキングは何の価値も持ちま

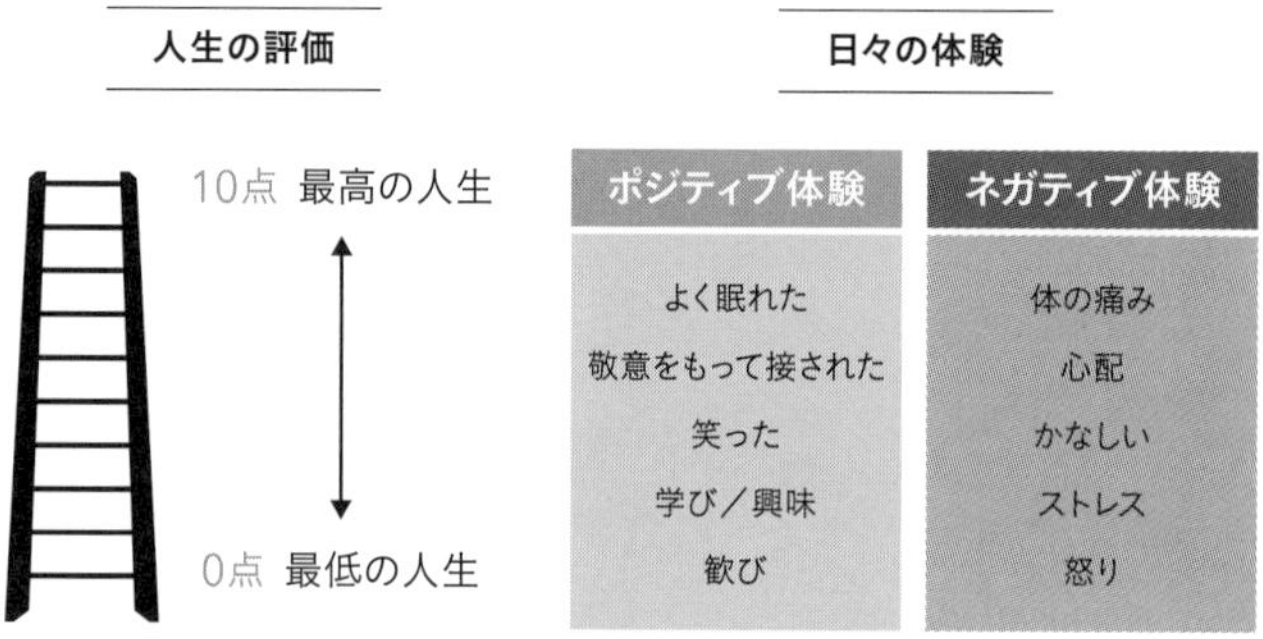

人生の評価	日々の体験	
10点 最高の人生	**ポジティブ体験**	**ネガティブ体験**
	よく眠れた	体の痛み
	敬意をもって接された	心配
	笑った	かなしい
	学び／興味	ストレス
0点 最低の人生	歓び	怒り

せん。

結論から述べましょう。私の研究仲間でもあり、先の幸福度調査を設計したジム・ハーター氏（ギャラップ社、Chief Scientist of Workplace Management and Well-Being）は次のように述べています。

「Well-Beingの調査項目では、〝体験〟と〝評価〟の2つを尋ねています（図参照）。体験は5つのポジティブ体験と5つのネガティブ体験を調査前日に経験したかどうか、評価は自分の人生を10段階で判断してもらっています」

といわれても、いったいなぜWell-Beingがこのように測定されているのか疑問に思うでしょう。

それを理解するためにも、ここからはざっとWell-Being研究の歴史を振り返ることにします。

幸せなのは「どのような人たち」か？

Q 幸福とは何か？

人類は何千年にもわたり、「幸福とは何か？」といった議論に明け暮れてきました。とりわけ宗教や哲学は、その種の議論に熱心であったと言えます。その一方で、科学者が幸福を研究の射程に捉え始めたのはようやく20世紀になってからと、だいぶ遅れています。

学問は「問い」から「学ぶ」と書くように、どのような問いを設定するかが極めて重要となります。そして科学者が幸福を研究するにあたり設定した問いは、次のようなものでした。

Q 幸せだと言っている人は、どのような特徴を持った人たちか？

これはとても上手い問いだと思います。なぜなら科学者は、「幸福とは何か？」という問いに直接取り組むことをある意味放棄したわけです。それよりも「幸福だと言っている人がいる」という現象に着目して探求するという方針を立てました。

歴史は短いものの、数十年にわたる研究の中でいくつものブレイクスルーがありました。それらのくわしい解説は他の書籍に譲るとして、先に紹介したWell-Beingの定義に関連するところだけ述べると以下のようになります。

①「ポジティブ体験」と「ネガティブ体験」は異なる概念

これは簡単に言えば、ネガティブ体験がないことと、ポジティブ体験があることは、まったく別物であるということです。そのため、いくらネガティブ体験を減らしても、その結果ポジティブ体験が増えるわけではありません。

②「体験」と「評価」は異なる概念

ポジティブな体験があったとしても、それをどう評価するかは別で、人は偏った体験をベースに評価を下す傾向がある。例えば、とても楽しいデートで1日ポジティブな「体験」だったとしても、最後に喧嘩をするなどのネガティブ体験があれば、その日のデートは最悪だったと「評価」されます。

実はカーネマン教授は、ギャラップ社のジム・ハーター氏とともに、Well-Beingの設問設計に携わった人物なんです。

と、以上のような背景のもと、現在Well-Beingは「体験」と「評価」について測定する、というのがグローバル・スタンダードとなりました。

そして2005年より、世界最大の世論調査会社であるギャラップ社によって各国のWell-Beingが測定されています（ちなみに、調査は1か国につき約1000人、およそ160か国を対象に行われています）。このデータを活用して国連は2012年より「世界幸福度報告（World Happiness Report）」を発行するようになったわけです。

Q Well-Beingの調査データからどのような発見があったのか？

ここからは話題を変えて、Well-Beingに関するデータを取り始めたことにより、これまでどのような発見があったのか、いくつかご紹介したいと思います。まず単純なランキングでいえば、地域別に次のような傾向が見られています。

人生の評価が高い国　↓　北欧
ポジティブ体験が多い国　↓　中南米
ネガティブ体験が少ない国　↓　東アジア

最初に言っておかなければならないのは、先ほどで紹介した国連の「幸福度ランキング」は、あくまで「評価」のランキングであるということです。例えば日本は、「評価」ではたしかに58位と低いですが、日々の生活におけるネガティブ体験の少なさでいえば世界トップ11位に入っています。

いずれにせよ、ギャラップ社の調査によってはじめて明らかになったのは、それが体験であれ評価であれ、「世界各国のWell-Beingには大きな違いがみられる」という

日本のWell-Beingランキング

	人生の評価	ポジティブ感情の多さ	ネガティブ感情の少なさ
1位	フィンランド	パナマ	台湾
2位	デンマーク	メキシコ	シンガポール
3位	ノルウェー	ウルグアイ	モーリシャス
	⋮ 日本（58位）	⋮ 日本（77位）	⋮ 日本（11位）

Gallup World Pollより

現象です。

そこで研究者たちが次に追いかけた問いは、「経済的な要因（GDPや収入）によってその違いはどれほど説明できるのか？」というものでした。

しかし残念ながら、この問いについて一言で結論を述べられるほど、研究は熟していません。とはいえ一定の知見は得られており、それを端的にまとめると次のようになります。

お金で買えるWell-Beingの頭打ちポイント

人生の評価	1045万円　／年
ポジティブ体験	660万円　／年
ネガティブ体験	825万円　／年

* 1ドル＝110円
* 家族の扶養人数がN人なら、√N倍する必要がある。
4人家族なら、√4＝2倍となる

「経済的要因は、一定程度まで人生の評価や日々の体験に影響するが、ある閾値を超えるとあまり関係しない」

もっとシンプルに言えば、「お金で買えるWell-Beingには頭打ちがある」ということです。例えば、地域別に多少の違いはあるものの、ある一定の収入を超えるとそれ以上Well-Beingは高まらないことが知られています。

では、Well-Beingを高めるために、お金以外では何が重要となるのか？　ジョン・ヘリウェル教授（ブリティッシュコロンビア大学、経済学者）によれば、それは「人とのつながり」のようです。ギャラップ社の調査は実にさまざまな項目を尋ねていますが、その中に次のような質問があります。

Q あなたが困った時、助けてくれる親せきや友人はいますか？

もしこの質問に対して「はい」と答えられるなら、その人のWell-Beingは高い傾向にあります。当たり前ですが、調子がよい時は自然と人が近寄ってくるものです。しかし苦境に陥った途端、人はさーっといなくなる。実際昔から、「最良の友人は苦しい時に友を見捨てない人である」といわれています。ちなみにそのような友を持つことは、収入が5倍になるのと同等の影響力がある、という研究があります。

Well-Beingの定義はアップデートできるか

よくも悪くもWell-Beingの測定は、ギャラップ社の世界調査が国際標準になっています。しかし、あえて問いたい。

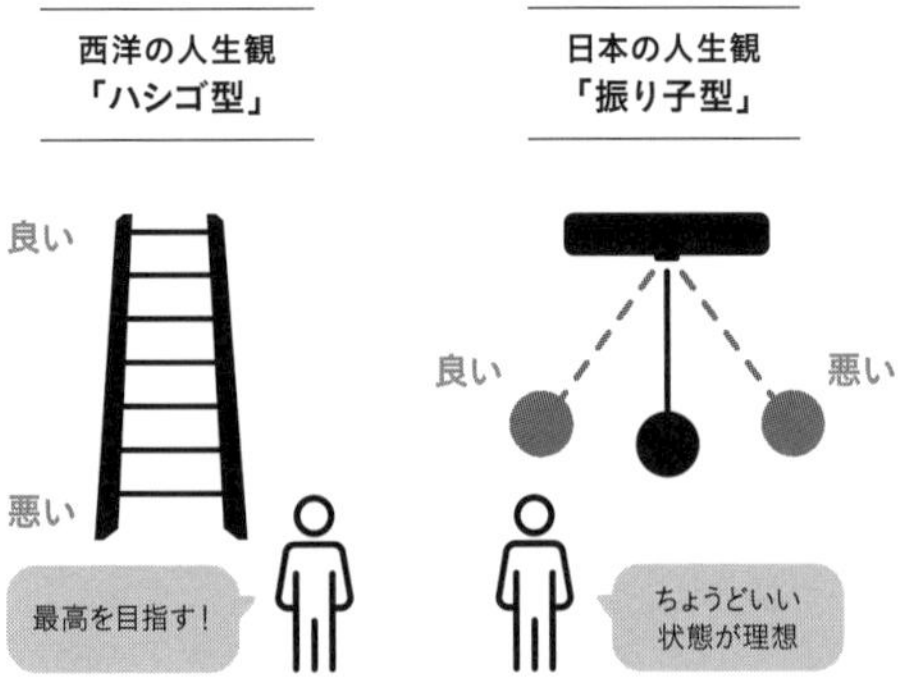

Q これは妥当なWell-Beingの測定法なのか？

例えば、現在の定義に従えば、人生の評価には「ハシゴ」が使われています。この人生を「ハシゴ」に見立てるという考え方は、きわめて西洋的であるように思えます。というのも、おそらくその原型は旧約聖書の創世記に登場する「Jacobのハシゴ」にあり、上に行くほど天上に近づくという発想です。

一方で日本には、「幸せすぎて怖い」という発想があり、単にハシゴをのぼることをよしとしてきませんでした。実際、先の国連の調査においても、日本人はあまり10点（最高の人生）

IJW Lambert, L., Lomas, T., van de Weijer, M. P., Passmore, H. A., Joshanloo, M., Harter, J., Ishikawa, Y., Lai, A., & Diener, E. (2020). Towards a greater global understanding of wellbeing: A proposal for a more inclusive measure. *International Journal of Wellbeing, 10*(2), 1-18. doi:10.5502/ijw.v10i2.1037

ARTICLE

Towards a greater global understanding of wellbeing: A proposal for a more inclusive measure

Louise Lambert · Tim Lomas · Margot P van de Weijer · Holli Anne Passmore · Mohsen Joshanloo · Jim Harter · Yoshiki Ishikawa · Alden Lai · Takuya Kitagawa · Dominique Chen · Takafumi Kawakami · Hiroaki Miyata · Ed Diener

著者らによるWell-Beingの新たな測定についての論文

をつけたがらない傾向にあります。

むしろ日本人は人生を「振り子」にたとえることが多いのではないでしょうか？　人生にはよいことも悪いこともあり、「最高」よりは「ちょうどいい状態」を理想としてきたのではないのか。同様に、アジアや中東、アフリカではそれぞれ独自の視点で人生を捉えているはずで、それは必ずしも「ハシゴ」のようなものではない、のではないか。

だが、しかし。

いくらそのような批評を重ねたところで、何も現実は変わりません。結局のところ測定し、データを積み重ねることでしか「国際標準」は作られえないからです。このまま何もしなければ、永遠に日本人の「人生評価」はハシゴを使って測定され、「日本は世界58位ですね」と烙印を押され続けます。

とはいえ、まだ間に合います。

科学とは、真理……というものがもしあるならば、そこに対して常に途上の存在です。Well-Beingの測定法について、完璧な定義に到達することはおそらくないでしょう。

しかし少なくとも現行の（ギャラップ社による）Well-Beingの定義より妥当なものはあるはずです。もしよりよいと思える測定法を思いついたのなら、実際に世界各地でデータを取り、既存の測定法よりも妥当であることを証明しなければなりません。

そのように痛感した私は、（ギャラップ社も含む）世界各地の研究者とともに、Well-Beingの再定義を始めています。その詳細についてはまた機会を改めて述べることにし、もう少しだけWell-Beingについてお話しさせてください（とはいえ、今すぐ詳細について知りたい方は、前のページの私たちの論文をご参考ください）。

真のWell-Beingとはなにか？

あらためて、整理します。冒頭で述べた通り、本書のコンセプトは次の通りです。

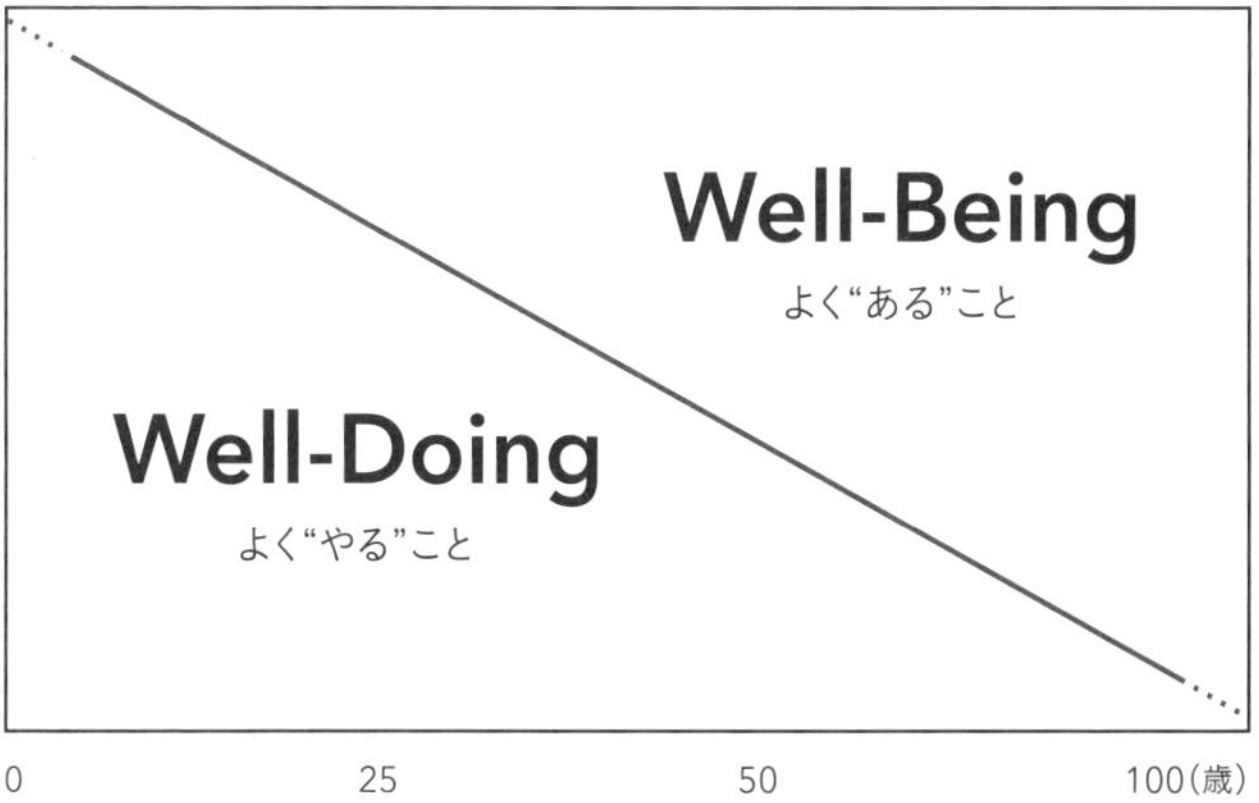

FULL LIFE = f（Well-Doing, Well-Being）

注：fは関数をあらわす記号

「時間の使い方に戦略を持つことで、フルライフを実現する」

そして、次のようにも述べました。

≫A フルライフとは、Well-DoingとWell-Beingの重心を見つけること

時間のスケール（1日〜100年）がいかなるものであっても、変わらぬ時間戦略の本質は、Well-DoingとWell-Beingの重心を見つけることである。

その際、上の図を示したのを覚え

てらっしゃるでしょうか。

本書の締めくくりとして、最後にこの図についてご説明させてください。

まず、ここまでの話からお気づきの方はいらっしゃるかもしれませんが、私は基本的にはWell-Doingが好きな人間です。バリューを出さないと生きている意味がないと考えています。それ故、実は本書のほとんどがWell-Doingの話で占められています。

そんな私がWell-Beingの重要性に気が付いたのは、ある意味「本当にバリューを出すためには何が大事なのか？」というWell-Doingを追及していった結果でしかありません。

Q では改めて、Well-Beingとは何なのか?!

まだ適切な訳語がないので、本書を通じて「Well-Being」というアルファベットで記述してきましたが、あえて私なりの訳語を提示するとすればそれは次のようになります。

»A Well-Being＝（いい意味での）自分らしさ

なぜそう訳したかというと、Beingの語源が**「本質」**ということに由来します。つまり、Well-Being（いい意味での本質）とはなんだろうかと考えていった結果、要するにそれは「いい意味での自分らしさ」ということでいいんじゃないかと。

ここまで考えた後に、私は次のような問いにぶつかりました。

Q では、「自分らしい」という感覚は、いかにして生まれるのか？

この問いに対するアプローチ法は星の数ほどあります。それこそ、本屋の自己啓発書コーナーに行けば、無数のアドバイスが得られるでしょう。ただ私は、この問いに対峙する有益な道筋は、道元禅師にあると直観しました。

道元禅師、曰く。

»A「自己をならふというは、自己をわするるなり」

つまり、きわめて逆説的ですが、「自分」という感覚を忘れることで、結果として「自分」という感覚が得られるというのです。

このような境地に私は立っていないので、あくまで類推でしかありませんが、おそらく自分を忘れると、一気に「世界＝自分」という感覚になれるのだと思います。

そのような感覚を得ることができれば、狭い意味での「自分」にとらわれることなく、大きな「自分＝世界」として自由闊達にふるまうことができる。おそらく道元禅師は、そのような意味のことをおっしゃっているのではないかと考えています。

ここで、先ほどの図をもう一度見てください。人生の初めは「Well-Doing」の割合が多いですが、年を重ねるにつれ減っていき、最終的にはすべてが「Well-Being」になっています。目的から逆算したがるタイプの私としては、すぐに次のように考えてしまいます。

A だったらWell-Being（いい意味での自分らしさ）とは何か、そこから人生を逆算すればいい

そして、私の結論は次の通りです。

》A Well-Beingとは、自分を忘れること、自分から離れることである

これはある人から聞いていてとても心に残っている話なのですが、**「人間の成長とは自己中心性から離れること」**だといいます。生まれたばかりの赤ん坊は自分がとても大事で、でも成長するにつれ、自分のおもちゃを友達に貸してあげられるようになる。

親になれば、自分よりも我が子の方が大事になる。そしてさらに成長すれば、もはや「自分と他人」を区別しない境地に達するのだと。

この話を聞いたときそれはある意味、残酷な話でもあるなと思いました。というのも、自己中心性から離れると、極端な話、「自分の子ども」と「他人の子ども」を区別しなくなるということです。それは子どもの立場に立つと「親から愛情を感じられない」ということにもなりかねません。

実際、自己中心性からひどく離れたガンジーは、自分と他人の子を区別しなかったので、ガンジーの子どもはひどくグレてしまったといいます。

そういう意味でも、タイミングが大事なのでしょう。Well-Beingで100%になるのは、75歳を超えた冬の時期がちょうどいいのかなと。とはいえそれは、「自分を手放す」練習をしなくていいというわけではないと思います。おそらく、次のような問いを常に考え続けておくことが、Well-Beingへと至る道なのだと思います。

Q 自分がいま大事にしているもの（仕事や家族など）を手放した時、人生は自分に何を望むだろうか？

お恥ずかしい話ですが、やはりまだ私は小さな、弱い人間です。（自分の）仕事が大事ですし、（自分の）家族が大事に思えてしまいます。しかし、そのような「執着」を続ける限り、本当の意味での「本質（Being）」には至らないだろうと直観しています。

たとえ思考実験だとしても、積極的に「いま大事にしているもの」を手放して、それでも人生は私に何を望むのか。そうした問いと向き合い続ける時間を持つことが、結果としてフルライフに向かうのではないか。

……そんな訳がわからない境地に、私は立っています。本当に自らの人生と真剣に向き合うのは難しいことですね。

ところが。

こんなややこしい話を友人にしていたら、「自分を忘れる、すごい方法がある」と教えてもらいました。それは通称**「オーバービュー・エフェクト（概観効果）」**と呼ばれているようです。

Q では「オーバービュー・エフェクト」とは何か？

それは、地球を宇宙から眺めたことのある宇宙飛行士が共通して体験する心理効果をさします。別の言い方をすると、オーバービュー効果を（部分的に）体感できる写真集『オーバービュー』（ベンジャミン・グラント、サンマーク出版）によれば、次のように説明されています。

〝人類史上560人あまりしかいない「宇宙から地球を眺める」体験をした人だけが味わえるという、不思議な感動と価値観がひっくり返るような意識の変化〞

それは具体的にどのような体験なのか？　そのヒントをつかみに筑波宇宙センターへ行った際、次のようなものではないかと教えてもらいました。

「宇宙ステーションにいる宇宙飛行士は、暇さえあれば地球を眺めて過ごしています。最初は自分が生まれた場所を探すのですが、だんだん引いていって、自分の国や大陸、さらには広大な宇宙にポツンと存在する地球そのものを眺めていると、自分という存在が消えて宇宙そのものと一体化していくようです。おそらくオーバービュー効果とは、そのような体験なのでしょう」

つまり、こう言っても大げさではないでしょう。

》A 最高のWell-Being体験＝宇宙から地球をみること

人生100年時代。いつかそのような体験ができるのを期待しても、夢物語でないと思うのは私だけでしょうか。

ということで、本書の結論です。

》A フルライフとは、自分を高めるWell-Doingと、自分を忘れるWell-Beingのバランスをとることである

おわりに

新しい時代の重心は「私たち」である

まず、本書を手に取り、ここまで読んでいただいた読者のみなさんに感謝です。改めて言うまでもありませんが、本書は「正解」を説くものではありません。あくまで私が考えた、人生100年時代における時間戦略の「選択肢」を提示したにすぎません。それ故、何を狙っていたかというと、決して「石川の考えに同意して取り入れてほしい」ということではありません。あくまで石川の立場を鮮明にすることで、みなさん自身の固有の時間戦略が相対的に明らかになることを意図しました。

さて、本書で言うべきことは、もうすべて出し尽くしたので、ここからはオマケです。締めくくりとして少しだけ**「時代」**についてお話しさせてください。思い返せば1章で、私は次のような話をしました。

Q「新しい時代」を語れるのは誰か？

A 新しい時代を語れるのは「若者だけ」

いま私は39歳です。さすがにもう自分を若者だとは思えず、時代について語るのを躊躇するようになりました。逆に私が願うのは、10代〜30代の若者たちがもっと「新しい時代はこうなる！」と積極的に構想していくことです。そのような提案が相次ぐ中で、22世紀に向けて希望がどこにあるのか、少しずつ明らかになることでしょう。

とはいえ、新しい時代のキーワードをどのように見つけたらいいかわからない。そのように悩む方も多いと思います。そこで最後にお話ししたいのは、私自身が長いこと取り組んできた次の問いです。

Q 時代を創るとは何か？

運も含めて、あまりにも多くの要因が複雑に絡み合い、時代は創られます。ただ、それでは何も言ってないですし、何より次の時代のキーワードを考える上で何の役にも立ちません。私が着目したのは、「そうは言っても時代ができるときの太い流れは何か？」という点です。すると、次のような流れがあることに気がつきました。

≫A 学問↓産業↓文化の流れで新しい時代は作られる

すなわち、次なる時代の出発点には、新たな学問の誕生があります。その学問を礎にして、新しい産業が生まれる。そして産業が起こった街で、新たなる文化が花開く。この「学問↓産業↓文化」という流れを作ることが、時代を創るということではないか。私はそのように考えました。

ここで思い出してください。冒頭に私は次のように書きました。

≫A 10年あれば、産業が変わる
≫A 30年あれば、時代が変わる
≫A 100年あれば、文明が変わる

覚えているでしょうか？　おそらく、最初はよくわからなかったと思いますが、ここまでの話を踏まえると、少しわかっていただいたのではないでしょうか。

つまり、あらたな学問を礎にすれば、10年であらたらしい産業がつくれる。そして「学問→産業→文化」という流れを30年かけて作ることで、時代を創ることができる。

さらにいえば、「学問→産業→文化」という一連の流れをうまく循環させる仕組みを100年かけてつくることができれば、それは新しい文明とさえいえるのではないか。私はそのように信じていまを生きています。

さて、ここまで考えた時に、「はっ！」と気がついたことがあります。まさにかつてこの流れを作ったのが、渋沢栄一（日本の資本主義の父）だったのではないかと。

1910年、渋沢は次のような問いに取り組んでいました。

Q 日本はいかなる産業が可能か？

この時期の日本は不況にあえいでいました。日露戦争には勝ったものの、いわゆる戦争後の「反動不況」に苦しめられていたのです。そこで渋沢を中心として「生産調査会」という会議が開かれます。およそ2年に渡る議論の結果、次のような結論に到達します。

「これまでの日本は軽工業を中心とする産業だった。

しかしこれからは、重工業へと転換していこう」

とはいえ、当時の日本には、重工業の礎となる産業が未発達でした。困った渋沢は、当時アメリカで大活躍していた研究者・高峰譲吉に相談します（アドレナリンの発見者）。すると高峰は次のようにこたえました。

「これからの時代は、理化学工業が主たる産業になる。日本もそれによって国を興そうとするなら、礎となる純正理化学の研究所を設立する必要がある」

このような助言を受け渋沢はすぐに動きだしました。そして誕生したのが「理化学研究所」です。言うまでもなく、この理研はさまざまな技術や企業を生み出し、まさに重工業の礎として機能してきました。そして軽工業からの脱却を果たした日本には、その後さまざまな文化が起こることになります。

つまり、こういうことです。新しい時代のキーワードを考える上での出発点は、**「日本はいかなる産業が可能か？」**という問いなのです。そしてその礎たる学問が何になるのかを見ていけば、次世代にどのような時代をつないでいけばいいのか、自然とキーワードが見つかるはずです。

本書の趣旨とはずれるので、あまりくわしくは書けませんでしたが、私自身は「Well-Being産業」の時代が来ると信じています。だからこそ、その礎たる学問を新たに創り出すべく、まさに本書で書いた通りの時間戦略に従い、力強く日々を邁進しています（ちなみにその学問の名前は、計算概念工学：Computational Concept Engineeringと名付けています）。

もちろん、以上の話はあくまで私の考えにすぎません。しかし、繰り返しになりますが、私の立場を明確にすることで、みなさん自身の人生戦略が相対的に明確になることを願っています。

最後になりますが、中島洋一さん（編集担当）、吉田大助さん（構成担当）、本当に長い間お付き合いくださりありがとうございます。気が遠くなるくらい、何度もやり取りをさせていただき、本書の完成に至りました。本書で懲りることなく、また次作でもご一緒させていただきたく、よろしくお願いします！

また、私と共にWell-Beingの可能性に賭けてくれている、株式会社LIFULLの井上高志（代表取締役社長）さん、株式会社ウィルグループの池田良介（代表取締役会長）さんには、改めて感謝します。そして公益財団法人Well-Being for Planet Earthで活動を共にするすべてのみなさんにも感謝したいと思います。いつもありがとうございます。

最後の最後に（Last but not least）。

そして何より、いつまで経っても頼りない私を支えてくれる妻の理沙子、そしてもうすぐ5歳になる息子に感謝いたします。仕事から帰って心から安らげるのは、二人のおかげです。いつもありがとう。

2020年2月末日　大阪のホテルにて

石川善樹

参考文献

濱口秀司『SHIFT：イノベーションの作法』ダイヤモンド社、2019年
大嶋光昭『「ひらめき力」の育て方―だれも思いつかない、だからビッグビジネスになる』亜紀書房、2010年
玉樹真一郎『コンセプトのつくりかた』ダイヤモンド社、2012年
ポール・J・ザック『トラスト・ファクター 最強の組織をつくる新しいマネジメント』キノブックス、2017年
山口周『知的戦闘力を高める 独学の技法』ダイヤモンド社、2017年

著者プロフィール

石川善樹（いしかわ・よしき）

予防医学研究者、博士（医学）

1981年、広島県生まれ。東京大学医学部健康科学科卒業、ハーバード大学公衆衛生大学院修了後、自治医科大学で博士（医学）取得。公益財団法人Wellbeing for Planet Earth代表理事。「人がよく生きる（Good Life）とは何か」をテーマとして、企業や大学と学際的研究を行う。専門分野は、予防医学、行動科学、計算創造学、概念工学など。近著は、『考え続ける力』（ちくま新書）、『継続とは「小さな問い」を立てること DIAMOND ハーバード・ビジネス・レビュー論文』（ダイヤモンド社）など。

装幀・本文デザイン…… 水戸部功
図版…………………… 國弘朋佳・朝日メディアインターナショナル
本文DTP……………… 朝日メディアインターナショナル
校正…………………… 鷗来堂
編集…………………… 中島洋一
編集協力……………… 吉田大助
営業…………………… 岡元小夜・鈴木ちほ
事務…………………… 中野薫

フルライフ

今日の仕事と10年先の目標と
100年の人生をつなぐ時間戦略

2020年4月17日　第1刷発行
2022年5月27日　第2刷発行

著者…………石川善樹

発行者………金泉俊輔

発行所………株式会社ニューズピックス

〒100-0005 東京都千代田区丸の内 2-5-2 三菱ビル
電話 03-4356-8988 ※電話でのご注文はお受けしておりません。
FAX 03-6362-0600 FAXあるいは下記のサイトよりお願いいたします。
https://publishing.newspicks.com/

印刷・製本……シナノ書籍印刷株式会社

ISBN 978-4-910063-06-5

本書に関するお問い合わせは下記までお願いいたします。
np.publishing@newspicks.com

希望を灯そう。

NEWS PICKS
PUBLISHING

「失われた30年」に、
失われたのは希望でした。

今の暮らしは、悪くない。
ただもう、未来に期待はできない。
そんなうっすらとした無力感が、私たちを覆っています。

なぜか。
前の時代に生まれたシステムや価値観を、今も捨てられずに握りしめているからです。

こんな時代に立ち上がる出版社として、私たちがすべきこと。
それは「既存のシステムの中で勝ち抜くノウハウ」を発信することではありません。
錆《さ》びついたシステムは手放して、新たなシステムを試行する。
限られた椅子を奪い合うのではなく、新たな椅子を作り出す。
そんな姿勢で現実に立ち向かう人たちの言葉を私たちは「希望」と呼び、
その発信源となることをここに宣言します。

もっともらしい分析も、他人事のような評論も、もう聞き飽きました。
この困難な時代に、したたかに希望を実現していくことこそ、最高の娯楽《エンタメ》です。
私たちはそう考える著者や読者のハブとなり、時代にうねりを生み出していきます。

希望の灯を掲げましょう。
1冊の本がその種火となったなら、これほど嬉しいことはありません。

令和元年
NewsPicksパブリッシング 編集長
井上 慎平